# BEI GRIN MACH WISSEN BEZAHLT

- Wir veröffentlichen Ihre Hausarbeit, Bachelor- und Masterarbeit

- Ihr eigenes eBook und Buch - weltweit in allen wichtigen Shops

- Verdienen Sie an jedem Verkauf

Jetzt bei www.GRIN.com hochladen und kostenlos publizieren

Bibliografische Information der Deutschen Nationalbibliothek:

Die Deutsche Bibliothek verzeichnet diese Publikation in der Deutschen Nationalbibliografie; detaillierte bibliografische Daten sind im Internet über http://dnb.d-nb.de/ abrufbar.

Dieses Werk sowie alle darin enthaltenen einzelnen Beiträge und Abbildungen sind urheberrechtlich geschützt. Jede Verwertung, die nicht ausdrücklich vom Urheberrechtsschutz zugelassen ist, bedarf der vorherigen Zustimmung des Verlages. Das gilt insbesondere für Vervielfältigungen, Bearbeitungen, Übersetzungen, Mikroverfilmungen, Auswertungen durch Datenbanken und für die Einspeicherung und Verarbeitung in elektronische Systeme. Alle Rechte, auch die des auszugsweisen Nachdrucks, der fotomechanischen Wiedergabe (einschließlich Mikrokopie) sowie der Auswertung durch Datenbanken oder ähnliche Einrichtungen, vorbehalten.

Coverbild: pixabay.com

Impressum:

Copyright © 2019 GRIN Verlag
Druck und Bindung: Books on Demand GmbH, Norderstedt Germany
ISBN: 9783668998780

Dieses Buch bei GRIN:

https://www.grin.com/document/495872

Matthias Dickert

Krieg, Leid und Terror aus der kindlichen Perspektive

Eine literarische Annäherung zwischen Grimmelshausens "Der abenteuerliche Simplicissimus Teutsch" (1669) und Omar El Akkads "American War" (2017)

GRIN Verlag

GRIN - Your knowledge has value

Der GRIN Verlag publiziert seit 1998 wissenschaftliche Arbeiten von Studenten, Hochschullehrern und anderen Akademikern als eBook und gedrucktes Buch. Die Verlagswebsite www.grin.com ist die ideale Plattform zur Veröffentlichung von Hausarbeiten, Abschlussarbeiten, wissenschaftlichen Aufsätzen, Dissertationen und Fachbüchern.

Besuchen Sie uns im Internet:

http://www.grin.com/

http://www.facebook.com/grincom

http://www.twitter.com/grin_com

Krieg, Leid und Terror aus der kindlichen Perspektive —

eine literarische Annäherung zwischen Grimmelshausens *Der abenteuerliche Simplicissimus Teutsch* (1669) und Omar El Akkads *American War* (2017)

Matthias Dickert 2019

Dieses Buch hätte ohne die Hilfe von zwei Personen nicht realisiert werden können.

Mein erster Dank geht an Professor Dr. Heßelmann, dem Direktor der Grimmelshausen-Gesellschaft in Münster.

Herr Professor Dr. Heßelmann hat mich nicht nur zu dieser Arbeit ermutigt, sondern er hat sie auch fachlich und kritisch begleitet.

Simplicissimus, Sarat und ich waren bei ihm in den besten akademischen Händen.

Mein zweiter Dank geht an eine ganz besondere Person. Natascha, Du bist nicht nur eine exzellente Germanistin und Anglistin, sondern auch kritische Begleiterin bei den Themen Leben, Liebe und Literatur. Du hast mein Leben nicht nur intellektuell bereichert, sondern Türen geöffnet, die ich vor langer Zeit verschlossen habe.

Dafür und für viel mehr danke!

Den Toten des Grimmelshausen Gymnasium Gelnhausen.

Ihnen gehört unser Respekt und unsere Hochachtung, besonders den Schülerinnen und Schülern, die weit vor ihrer Zeit sterben mussten.

Stellvertretend für sie alle stehen meine ehemaligen Schüler Henning und Sebastian, zwei starke, intelligente und hoffnungsvolle junge Menschen, die diese Welt viel zu früh verlassen mussten oder wollten.

Uns Lebenden bleibt neben der Erinnerung die Aufgabe, Senecas Schulmotto

Colere divina, humana diligere

immer wieder neu zu überdenken und neu leben.

ABSTRACT

Krieg, Leid und Terror haben die Literatur der Jahrhunderte beherrscht, weil Literatur immer auch Spiegel der jeweiligen Zeitepoche ist.

Auffallend ist in der literarischen Aufarbeitung dieser Thematik ein durchgängiges Fehlen der kindlichen Perspektive, eine Tendenz, die sich bis heute gehalten hat. Die Gründe hierfür sind mannigfaltig, verweisen aber auch auf eine gewisse Ignoranz gegenüber dieser Gruppe der Zivilbevölkerung, die besonders Opfer und Leidtragende von kriegerischen Handlungen waren und sind.

Die beiden hier untersuchten Romane können deshalb als Ausnahmen angesehen werden, da sie Kindsein im Krieg reflektieren und Krieg als ein Leitmotiv benutzt wird.

Die große zeitliche Diskrepanz, hier das 17., dort das 21. Jahrhundert, sowie die verschiedenen Romantypen, hier biografisch und dort dystopisch, mögen zunächst einer gemeinsamen Analyse widersprechen, sie wird aber durch diese zentrale Rolle des Kindes im Krieg aufgehoben und verweist auf dessen literarische Bedeutung. Beide Autoren stellen Kindsein bewusst in die Kollision zwischen Frieden (Zukunft) und Krieg (Tod).

Für eine gemeinsame Analyse beider Werke spricht ebenfalls die autofiktionale Erzählform durch einen (alten) Erzähler, der die Handlung beider Romane prägt und die Erzählung vom Ende lenkt sowie reminiszierend begleitet.

Diese beiden zentralen Parallelen der Erzählung überwiegen auch die Tatsache, dass Grimmelshausen einen satirischen Roman vorlegt, der lehrhaft, unterhaltsam und moraldidaktisch verwertbar ist, etwas was El Akkad nicht beabsichtigt. Sein Roman ist vielmehr auch politisch zu verstehen. Dennoch ist beiden Romanarten, dem satirischen Roman und der Dystopie, eins gemeinsam, nämlich die Aussagen, dass der Krieg als solcher furchtbar ist, was beide Werke ethisch lesbar macht.

Zusätzlich verweist die Entscheidung beider Autoren, Krieg und Kindheit zu thematisieren, auf eine inhaltliche und literarische Nähe beider Werke, die beide zu zentralen Werken im deutsch- und englischsprachigen Raum macht.

GLIEDERUNG

I. VORWORT 6

II. PARALLELEN DER ROMANE 11

III. DER DREISSIGJÄHRIGE KRIEG UND DIE OPTION EINES (NEUEN) AMERIKANISCHEN BÜRGERKRIEGES – WIDERSPRUCH ODER LOGISCHE FORTSETZUNG DER KRIEGE NACH 1648? 19

IV. DIE FIGUR DES WAISENKINDES IM ROMAN 28

V. DIE LITERARISCHE KONSTELLATION KIND UND KRIEG – EIN KURZER ÜBERBLICK AUS ENGLISCHSPRACHIGER PERSPEKTIVE 31

VI. EIN LITERARISCHER VERGLEICH DER THEMATIK KRIEG – KIND IN BEIDEN ROMANEN 34

VII. DER ERINNERUNGSROMAN ODER 'FICTIONS OF MEMORY' – IHRE LITERARISCHEN ANSÄTZE UND CHARAKTERISTIKA 42

VIII. ZUSAMMENFASSUNG 46

IX. AUSBLICK 56

X. EPILOG 60

XI. Bibliografie 61

I. VORWORT

Auf den ersten Blick erscheint es ungewöhnlich, zwei so unterschiedliche Romantypen wie Grimmelshausens *Der abenteuerliche Simplicius Simplicissimus Teutsch* (1669) und El Akkads *American War* (2017) einem literarischen Vergleich unterziehen zu wollen. Hierfür sprechen nicht nur der unterschiedliche Zeithintergrund, die Entwicklung des deutschen sowie des englischsprachigen Romans oder die völlig verschiedenen Romantypen. Dennoch läßt sich eine Fülle von Parallelen feststellen, die nicht nur eine nähere Analyse beider Werke lohnenswert macht, sondern auch auf die bahnbrechende literarische Leistung von Grimmelshausen hinweist, dessen Werk auch heute noch als aktuell gelten kann. Die hier vorgelegte Untersuchung beleuchtet auch die in beiden Werken eingebaute (aktuelle) Thematik Krieg – Trauma und Kindsein, die sich als Hintergrund (*Simplicissimus*) und als Leitmotiv (*American War*) in beiden Romanen findet und sie zieht auch Vergleiche zwischen den Erzählelementen Waisenkinder und ihr Kampf ums Überleben (s. Waisenkinder bei Dickens), ihrer Suche nach Geborgenheit und Heimat (s. Miltons Idee des verlorenen und wiedergewonnenen Paradieses), dem Leben an der Grenze zwischen Wildnis und Zivilisation (hier Spessart und die weite Welt, dort amerikanischer Süden und das Leben an der Grenze zwischen Krieg und Frieden), dem Menschsein als einem Unterwegssein im Sinne einer Pilgerreise (s. Bunyan), Elementen der Robinsonade (s. Morus oder Defoe) sowie der Rolle des oder der Erzähler, die den Leser begleiten. Die Tatsache, dass sich die Thematik Krieg – Trauma und Kindsein gerade in den Anfängen beider Werke findet, bedeutet aber keine inhaltliche Reduktion beider Werke auf ihre Anfänge, da die jeweilige Charakterentwicklung beider Hauptpersonen ohne diesen Hintergrund völlig anders verlaufen wäre, sie also als zentral angesehen werden kann. Die literarische Nähe beider Werke tastet insgesamt die eigenständige Position der hier untersuchten Romane in ihrem jeweiligen literarischen Hintergrund nicht an, verweist aber durchweg auf die literarische Pionierarbeit von Grimmelshausen und einen thematischen Aktualitätsbezug, der Beschreibung vom Krieg. Dieser kann durchaus auch in politischen und sozialkritischen Ansätzen zu finden sein.

Auffällig ist bei Grimmelshausen, dass die Forschung seinen Roman nicht an eine spezifische Gattung bindet, sondern ihn sowohl als Schelmen- oder Abenteuerroman wie auch als

Entwicklungsroman und Sozialsatire einstuft.[1] In diesen Einordnungen selbst zeigen sich Querverbindungen zwischen beiden hier untersuchten Romanen, da sie nicht nur die Entwicklung ihrer jeweiligen Hauptfigur in das Zentrum der Erzählung stellen, sondern auch das soziale wie politische Erzählelement benutzen, um so Zeitgeschichte in die Erzählung einzubauen.

Dieser Hintergrund ist durch Krieg gekennzeichnet, einen totalen Krieg, der sich vor allem als Krieg gegen die Zivilbevölkerung erweist und dessen größtes Opfer die Kinder sind, da er deren Zukunft nicht nur prägt, sondern auch zerstört. Beide Hauptpersonen werden aber nicht nur als Opfer, sondern auch als Täter des Krieges skizziert. Sie sind skrupellos in dem Sinne, wie sie sich den Krieg zunutze machen. In diesem Erzählrahmen ist auffällig, dass es einige Verbindungen zwischen dem deutsch- und dem englischsprachigen Roman zu geben scheint, da Grimmelshausen bereits einige Themen (Waisenkind, Robinsonade) des englischsprachigen Romans des 18. und vor allem des 19. Jahrhunderts (bewusst oder unbewusst) in seinen Roman integriert.

Die literarische Aufarbeitung von Krieg in Romanen war und ist fester Bestandteil aller Nationalliteraturen. Für den englischsprachigen Raum kristallisierte sich der Erste Weltkrieg als Wendepunkt heraus, da die Gruppe der ‚War Poets' die traditionelle und idealisierte Darstellung von Krieg als Abenteuer oder als notwendigen Teil der Kolonialpolitik zerstörte. Der endgültige Bruch mit dieser traditionellen Darstellung von Krieg erfolgte unter Einfluss des Modernismus und Autoren wie Eliot, Joyce, Lewis oder später Vonnegut. Für den deutschen Roman kann Remarques Werk *Im Westen nichts Neues* (1928) als Bruch mit dieser idealisierten Darstellung angesehen werden. Für den englischsprachigen Raum erfolgte eine weitere literarische Aufarbeitung durch den Spanischen Bürgerkrieg, den Zweiten Weltkrieg, die Bürgerkrieg in Nordirland, die Kriege in Korea und Vietnam, die Konflikte in Afrika und in jüngster Zeit die Ereignisse um den 11. September 2001 und den ‚War on Terror'.

---

[1] Grimmelshausens Roman sollte nicht isoliert betrachtet werden, spricht die Kritik doch immer auch von einem „Simplicianischen Zyklus" (vgl. u. a. Breuer 1999) und Grimmelshausen davon, dass er seinen Roman für die „Ober- und Mittelschicht" (Heßelmann, 1992: 272) schrieb.

Kritiker sprechen in der neueren englischsprachigen Literatur mitunter von einer Kultur des Krieges sowie dem 20. und 21. Jahrhundert als ‚centuries of wars'. Hierunter fällt auch die Tatsache, dass viele Autorinnen / Autoren aus den ehemaligen Kolonien die Thematik Krieg in ihre Werke einbauen (s. Gruppe mit islamischem Hintergrund wie Khaled Hosseini, Nadeem Aslam, Anna Perera u. a.). Diese Zunahme von Krieg in der Literatur verweist letztlich darauf, dass es naiv wäre, Literatur, Poetik, Theater oder Film als Orte des Friedens zu bezeichnen. Das sind sie nicht, weil sie immer auch Spiegel gesellschaftlicher Entwicklungen und Strömungen sind. Krieg – der zum Menschsein dazugehört – ist keine Ausnahme und seine literarische Aufbereitung ist immer auch Spiegel eines konkreten Konflikts, spezifischen geopolitischen, kulturellen oder historischen Gegebenheiten, der sich im Kleinen (u. a.) in den Charakteren eines Romans oder Theaterstücks widerspiegelt.

Es ist aber in diesem Mikrokosmos die Einzelperson, in der sich der Makrokosmos Krieg sehr gut zeigen lässt, weil Autoren hier gesellschaftliche, politische oder religiöse Entwicklungen sowie Themen wie Flüchtlingsbewegungen, Rassismus, Pazifismus oder die Funktion von Feindbildern genauso gut darstellen können wie Erinnerung oder Trauma, die eher für die Charakteranalyse von Bedeutung sind.

Diese Möglichkeiten zeigen sich auch in dystopisch angelegten Romanen, da eine ihrer Grundstrukturen immer auch in einer kritischen Analyse der Gegenwart liegt.

Dies alles verbindet die hier vorgestellten Romane von Grimmelshausen und El Akkad, auch wenn ihr literarischer Aufbau so verschieden ist, beide in unterschiedlichen Epochen lebten und Krieg autobiografisch oder rein fiktiv bearbeiteten. Es ist vielmehr die gemeinsame Verbindung der Thematik Krieg – Kind, die nicht nur auf die verankerte Rolle von Krieg im deutsch- und englischsprachigen Raum verweist, sondern darauf aufmerksam macht, dass Kinder besonders unter Krieg leiden, weil er ihre Zukunft, real oder fiktiv, massiv beeinflusst.

Die literarische Aufarbeitung von Krieg und Kind hatte lange Zeit eine Marginalfunktion in den meisten Nationalliteraturen, auch weil die gesellschaftliche Rolle von Kindern und Jugendlichen unbedeutend war und vor allem Erwachsene als Täter (Soldaten) und Opfer

(Frauen als Beute und Sexualobjekt) fungierten.[2] Grimmelshausen ändert dies und kann deshalb als Vorläufer einer Thematik gelten, die sich gerade mit und nach dem Ersten Weltkrieg literarisch etablieren konnte und sich bis heute einen festen Platz im Kanon vieler Nationalliteraturen erobert hat. Eine kurze Übersicht mag dies verdeutlichen.

Der Erste Weltkrieg kann durchaus als Beginn dieser neuen Entwicklung angesehen werden, da neben der (bereits bekannten) Erwachsenenperspektive und dem Eingang der Psychologie in Romanen wie *The Return of the Soldier* (1919) von Rebecca West erstmals die kindliche Perspektive berücksichtigt wurde. Hulda Micals Werk *Wie Julchen den Krieg erlebte* (1916) oder Elke Urys *Nesthäkchen und der Weltkrieg* (1918) müssen noch als patriotisch gesonnen eingestuft werden, weil keine kritische Position gegen den Krieg bezogen wird, auch wenn die Schilderung des Krieges selbst – wie im *Simplicissimus* – als offen und dramatisch skizziert wird. Hier überwiegt – im Gegensatz zu Remarques *Im Westen nichts Neues* (1930) – noch die Bedeutung der Stellvertreterrolle der Kinder, die die Ängste der Erwachsenen ausagieren.

Der Zweite Weltkrieg ändert dies und Maria Gleifs Werke *Katrina* (1945) und *Pierre keeps watch* (1944) sowie der Roman *Niko's Mountains* (1946) verdrängen durch die Aufnahme psychologischer Themen endgültig eine naiv-patriotische Darstellung des Verhältnisses Krieg – Kind.

Dieser eher kritische Ansatz von Krieg – Kind (und Jugendlichem) setzt sich sowohl im deutschsprachigen als auch im englischsprachigen Raum fort und erreicht etwa durch Goldings Roman *The Lord of the Flies* (1954) einen literarischen Höhepunkt, da durch Krieg entwurzelte Jugendliche im Kampf Kind gegen Kind die Rolle der Erwachsenen nicht nur

---

[2] Wichtig erscheint bereits an dieser Stelle, dass die Literaturwissenschaft keine allgemeingültige Definition des Begriffes Kriegsroman kennt, obwohl dieser Romantyp mit dem Beginn des Ersten Weltkrieges gleichgesetzt wird. Unbestritten ist, dass der Kriegsroman seine Basis in der Tradition der Kriegsdichtung, resp. in Lyrik und Drama hatte. Wie für die meisten Kriegsromane insgesamt kann festgehalten werden, dass dieser Romantyp fast ausschließlich von Männern für Männer geschrieben wurde und Kinder und (geschändete) Frauen keinerlei Rollen spielten.
Dieser Hinweis auf die traditionelle Konzeption des Kriegsromans lässt erkennen, wie innovativ die Verbindung von Krieg und Trauma war, weil sie nicht nur das heroische Bild des Krieges demontierte, sondern auch Hinweis auf die Rolle von Kindern und Frauen als Opfer des Krieges war.

kopieren, sondern archaisch zurücksetzen in einem Ansatz „Jeder gegen Jeden". Der Kalte Krieg sowie die Auseinandersetzungen im Balkankrieg der 1980er Jahre zeigen, dass Autoren wie Zlatko Krilić an dieser Thematik festhalten. Werke wie Kordons *Krokodil Nackle (2002)* und Anne C. Voorhoeve *Lilly Unter den Linden* (2004) reflektieren diese Thematik in der DDR.

Eine Radikalisierung setzt mit den Ereignissen des 11. September 2001 ein. Hier werden die Ereignisse für die Nation und die Familien aufgearbeitet und Kinder (direkt oder indirekt) als Opfer der Terroranschläge beschrieben. Deborah Ellis Bifocal und Erle Walter tun dies exzellent in *Little Brother* (2008).

Diese Aufarbeitung gilt auch für die große Gruppe von Autoren mit islamischen Wurzeln wie Khaled Hosseini, die in Romanen wie *The Kite Runner* (2003) den Bürgerkrieg in Afghanistan als Hintergrund für das Verhältnis Krieg – Kind nutzen.

Der gegenwärtige Trend dieser Thematik, 9/11, Krieg und Terror als Erzählanlass für Jugendliteratur zu nehmen, verdeutlicht die aktuelle Bedeutung der sozialen und gesellschaftlichen Auswirkungen von Politik, Angst und Krieg auf das Leben von Kindern und Jugendlichen. Die Einbindung des sozialen kindlichen Rahmens in die Thematik Krieg verweist auf die hierin eingebauten psychologisch-metaphysischen Ansätze von Angst oder Hassgefühlen, die mehr und mehr in den Vordergrund zu kommen scheinen.

II. PARALLELEN DER ROMANE

Das Zeitalter des Barock, das in der bildenden Kunst oft als eine glänzende und lebensfrohe Epoche dargestellt wird, war zugleich auch eine Zeit wirtschaftlichen Niedergangs, Elends und tiefster Finsternis sowie eine Zeit der Gegensätze und der Kriege.

Die mittelalterliche Ordnung, in der alles seinen angestammten Platz hatte – Gott und Teufel, Adel und gemeines Volk – war durch die Reformation in ihren Grundfesten erschüttert worden. Der hieraus resultierende Spagat zwischen diesseitigem Optimismus, Pessimismus und Weltverachtung, hervorgehoben durch umwälzende historische Ereignisse, bildete den Rahmen für Grimmelshausens Hauptwerk *Der abenteuerliche Simplicissimus Teutsch* (1669).[3]

Grimmelshausen gehört zu den Dichtern, die im 17. Jahrhundert eine bürgerlich- realistische Richtung vertreten und damit an der Tradition der spätmittelalterlichen Schwankdichtung und des Schelmenromans anknüpfen. Der Picaro, der Glücksritter, ist Kind seiner Zeit und erlebt Höhen und Tiefen des menschlichen Daseins.

Der Dreißigjährige Krieg, der den Beginn der Erzählung bestimmt, wird jedoch im Gesamtwerk durch die religiöse Entwicklung des Helden zusammengehalten, ein Bild, das auch im *Parzival* (1210) von Wolfram von Eschenbach zu finden ist.

Grimmelshausen war immer auch an der Frage nach dem Ewigen, dem Heil und der Erlösung der Seele interessiert und auch deshalb wird seine Hauptperson am Ende des Romans zu dem, was er am Anfang war: ein Einsiedler.

Grimmelshausen kehrt so zum Motto des Anfangs zurück, das unter dem Leitspruch „Erkenne dich selbst!" steht. Wer traumatische Einschnitte im Leben einer Nation wie einen dreißig Jahre andauernden Krieg beschreibt, der fixiert Selbsterkenntnis nicht auf das

---

[3] Die Bedeutung von Grimmelshausen als einem großen deutschen Dichter wurde immer wieder betont. So nannte etwa Thomas Mann den Simplicissimus ein „Literatur- und Lebensdenkmal der seltensten Art" (Boehncke / Sarkowicz, 2011: 485). Wie Thomas Mann . betont auch Günter Grass die literarische Bedeutung Grimmelshausens und seine Analyse der Thematik Krieg. Das Biographische in den Kriegserzählungen zeigt Grimmelshausen selbst „als Soldaten des Dreißigjährigen Krieges" (Breuer, 1999: 10). Im Folgenden wird der Roman *Simplicissimus* mit dem Buchstaben S und *American War* mit AW abgekürzt.

Individuum.

Was unter der Rubrik Schelmenroman fungiert, ist jedoch auch eine Geschichte menschlicher Exzesse und Abgründe tiefster Gangart, also auch blutige Satire und Aufarbeitung von Krieg.

Es liegt nahe, „den Simplicissimus als Darstellung des Dreißigjährigen Krieges, als Antikriegsroman, zu lesen" (Breuer, 1999: 50), ein Ansatz, der sich auch bei El Akkads Werk findet.[4] Beide Autoren benutzen ihre Gesellschaftsanalyse und -kritik, um Gesellschaften zu zeigen, die sich mit dem Krieg zu arrangieren scheinen. Hier erfährt der christliche Hintergrund eine deutliche Kritik, denn beide Romane sind eine Beurteilung einer „schein-christlichen Gesellschaft, die sich im Krieg eingerichtet hat" (ibid.: 51) und zerstören sich dabei selbst, weil sie das Zentrum des Christentums, die Aussagen der Bergpredigt mit dem Gebot der Feindes- und Nächstenliebe, „also die denkbar strengste Norm" (ibid.: 51), ignoriert. Der Krieg – auch die Konzeption des gerechten Krieges von Christen – macht die Christenheit zu „kriegerischen Scheinchristen" (ibid.: 52). Selten hat ein Schriftsteller die Entmachtung der Natur durch den Menschen mit seinen Kriegen so radikal dargestellt wie Grimmelshausen. Der Krieg als die Geißel Gottes für den Menschen gründet auf der Basis: „Vere deus et vere homo– Gott ist wahr, der Mensch lügt, bedingt durch den Sündenfall des Menschen, durch seine Arroganz und Überheblichkeit. Die Basis dieser Entwicklung ist für Grimmelshausen der menschliche Sündenfall. Dieser stellt den Menschen „vor die Wahl zwischen Gut und Böse" (Gaede, 1989: 42). Der innere wie äußere Kampf ist Ausdruck eines „prinzipiellen Dualismus, der die Epoche charakterisiert"

---

[4] Dieser politische und sozialkritische Hintergrund in Grimmelshausens Roman wurde z. B. in der DDR akzentuiert, in der der *Simplicissimus* Pflichtlektüre an den Schulen war. Auch wenn hierbei von einer literarischen Verengung gesprochen werden muss, so lässt sich doch eine soziale und politische Kritik im Sinne einer Sozialsatire festmachen, die Grimmelshausen in seinen Abenteuer- und Schelmenroman einbaut. Die Entwicklung der Hauptperson ist in beiden Romanen zwar von zentraler Bedeutung, doch darf die soziale und politische Komponente nicht außer Acht gelassen werden, weil beide hier vorgelegten Werke die gegebenen sozialen und politischen Umstände reflektieren und kritisieren sowie Stellung gegen den Krieg beziehen. Genau hier liegt eine zentrale Schnittstelle beider Werke, wenn sie die traumatischen Erlebnisse des Kindes als Basis für ihre weitere Entwicklung legen. Es ist das frühe Trauma, das Simplicius und Sarat prägt. Beide werden durch den Krieg skrupellos und machen ihn sich zunutze, wenn auch auf verschiedene Art und Weise.

(ibid.: 45), ein Ansatz, der sich schon bei Hobbes' *Leviathan* (1651) in der Idee eines Kampfes jeder gegen jeden findet und sich auch im *American War* wiederspiegelt.

Der Hintergrund des Dreißigjährigen Krieges sowie der fiktive eines weiteren künftigen amerikanischen Bürgerkrieges machen deutlich, dass sie den Verlust des „Einheits- und damit Substanzgedankens als geistigen Ursprung" (ibid.: 45) des Einzelnen wie der Nation bedeutet.

Die Idee, den Dreißigjährigen Krieg im Roman als Leitmotiv zu verwenden, weist darauf, dass dieses Ereignis psychologisch nie bewältigt werden konnte und das Dritte Reich, der Kalte Krieg mit atomarer Bedrohung oder die aktuelle Spaltung der Welt in militärische, ideologische und religiöse Lager nebst einem Kambodscha der ‚Killing Fields' und dem Genozid seiner Einwohner sowie Bürgerkriegen wie in Syrien als Fortsetzung des Dreißigjährigen Krieges – wenn auch in moderner Form – angesehen werden können.

El Akkad geht in seinem Roman ebenfalls in diese Richtung und integriert die Zukunft als Erzählelement. Dies ist ein klarer Hinweis darauf, dass sie für ihn als dramatische Fortsetzung dieser Entwicklung zu sehen ist.[5]

Interessant ist, dass Grimmelshausen Krieg mit einem anderen aktuellen Element verbindet: Geld. Geld und Krieg gehören für ihn zusammen und damals wie heute hat es geradezu mythischen Charakter, bietet ihm Krieg doch zugleich Rettung und Überleben, aber auch Tortur, Verderben und Tod.

Die unglaublichen Ereignisse, die beide Romane an das Kindsein binden, den realen Schrecken wie dessen futuristische Szenarien, werden durch den Erzähler in eine gleichmäßige, beruhigende und beruhigte Erzählform und -sprache eingebettet, die für den Leser die nötige Distanz schafft, die komplizierten und oft retardierenden, sich selbst

---

[5] Die Kritik kategorisiert beide hier untersuchten Romane nicht nur unter einem Genre, sondern beide Werke beinhalten verschiedene Gattungstypen, die das jeweilige Gesamtwerk ausmachen. Grimmelshausens *Simplicissimus* verbinden Kritiker mit dem niederen Roman, dem Schelmenroman oder roman comique, einem Erziehungsroman, sowie einem Entwicklungs- und Bildungsroman. *American War* weist ebenfalls Merkmale verschiedener Romantypen auf. El Akkads Roman ist nicht nur (düstere) Dystopie, sie beinhaltet auch Elemente einer *border fiction* - sowie einer *coming of age* - Erzählung und Gesellschaftskritik. All diese verschiedenen Ansätze stellen aber keine Schwäche dar, sondern verweisen auf die literarische Vielfalt beider Romane, was wiederum deren literarische Angleichung reizvoll macht.

reflektierenden Ereignisse traumatischer Art zu verarbeiten. Das Kindsein selbst schafft dem Leser die nötige Distanz zum Grauen des Krieges. Die aggressive Zeit- und Gesellschaftskritik beider Werke wirkt so nicht als Entfremdungseffekt, sondern verweist auf einen Bildungsanspruch beider Werke.

Ein weiteres verbindendes Element der beiden untersuchten Romane liegt in der Darstellung von Krieg und seinem Einfluss auf den Menschen. Kunst im Allgemeinen und Romane im Besonderen wollen Brücken schlagen von einer konkreten Situation zu einer moralischen Ebene. Romane sind somit auch immer Ausdruck ihrer Zeit und Spiegel der unterschiedlichen Auffassungen von aktuellen kriegerischen Auseinandersetzungen.

Die Beschreibungen von zwei unterschiedlichen Kriegen – hier der Dreißigjährige Krieg, dort ein fiktiver amerikanischer Bürgerkrieg – müssen ebenfalls aus diesem unterschiedlichen Blickwinkel gesehen werden. Dennoch ist das sie verbindende Element eben die Beschreibung des Krieges selbst. Grimmelshausens Darstellung liefert die wohl nachhaltigste und genaueste Skizzierung dieses europäischen Konfliktes, auch weil der Autor als Chronist fungiert.[6] Grimmelshausen wird damit – wie Christoph Hein es bei der Verleihung des Grimmelshausen-Literaturpreises in Renchen 2017 zum Ausdruck brachte – zum Homer des Dreißigjährigen Krieges, der das Grauenvolle des Krieges in die Form des Schelmenromans einbaut. Eine literarische Entscheidung, die El Akkad in der Dystopie trifft. Dies hat sicherlich auch damit zu tun, dass Krieg für Grimmelshausen präsent und real war, für uns heute aber zu oft unrealistisch und weit entfernt ist. Kurzum, wir leugnen ihn, weil er gegenwärtig geografisch weit entfernt geführt wird und damit das zentrale Erzählelement der emotionalen Nähe fehlt. Das Schelmenhafte, das Pikareske, der Humor finden sich kaum in Kriegsromanen, doch gibt es Ausnahmen im

---

[6] Kehlmann (2017) sieht dies wie folgt: „In einem beliebten Roman fand er eine Beschreibung, die ihm gefiel, und wenn Menschen ihn drängten, die letzte Feldschlacht des großen deutschen Krieges zu schildern, so sagte er ihnen das, was er in Grimmelshausens *Simplicissimus* gelesen hatte. Es passte nicht recht, weil es sich dort um die Schlacht von Wittstock handelte, aber das störte keinen, nie fragte jemand nach. Was der dicke Graf nicht wissen konnte, war aber, dass Grimmelshausen die Schlacht von Wittstock zwar selbst erlebt, aber ebenfalls nicht hatte beschreiben können und stattdessen die Sätze eines von Martin Opitz übersetzten englischen Romans gestohlen hatte, dessen Autor nie im Leben bei einer Schlacht dabei gewesen war" (ibid.: 224).

englischsprachigen Roman. Catch 22 (1961) von Joseph Heller, Slaughterhouse 5 (1969) von Kurt Vonnegut oder Apocalypse Now (1979) von Francis Ford Coppola greifen dieses Erzählelement in freier Interpretation von Joseph Conrads Heart of Darkness (1899) auf. Dennoch verzeichnet der englischsprachige Roman prinzipiell eine distanzierte Haltung, da sich die dargestellten Kriege weitab von Amerika oder Großbritannien abspielten. El Akkad weiß um dieses wichtige Element und bindet deshalb seinen Roman am letzten Krieg, der auf amerikanischem Gebiet stattfand, dem Amerikanischen Bürgerkrieg, an. Dadurch erzielt er ansatzweise die emotionale Nähe zum Krieg, die Grimmelshausens autobiografische Elemente auszeichnet. Beide tun dies, indem sie den Krieg für das Kind verdichten und ihn in einem hessischen Dorf oder dem amerikanischen Süden verorten. Dennoch muss El Akkads Roman auch als Produkt der Terroranschläge vom 11. September 2001 angesehen werden, da sich diese genauso ins kollektive Gedächtnis der Amerikaner eingebrannt haben wie der Amerikanische Bürgerkrieg oder der Dreißigjährige Krieg für uns Deutsche. Die Botschaft beider Romane liegt in dem Hinweis, dass Kriege zwar enden können, ihre Auswirkungen in Menschen, Familien und Nationen aber weiterhin sichtbar bleiben.

Beide Romane beschreiben einen eigenen Typ von Soldat: die Marodeure. Marodeure sind Räuberbanden, die außerhalb von Soldatencodices mordend und raubend durch das Land ziehen und die Zivilbevölkerung drangsalieren. Grimmelshausen spricht von den „Merode Brüdern" als einem Produkt des Krieges und er vergleicht sie mit den Drohnen im Bienenkorb, die nach dem Verlust ihrer Stachel nur noch fressen können. Daneben nennt er sie auch „Freireiter" oder „Freibeuter" (Münkler, 2018: 607).

Der Dreißigjährige Krieg war u. a. ein Krieg diffuser Gewalt, der sich ins „kollektive Gedächtnis der Deutschen" (ibid.: 35) eingebrannt hat. Er war – im Gegensatz zum Amerikanischen Bürgerkrieg – kein Niederwerfungskrieg im Sinne Clausewitz', sondern ein Ermattungskrieg, in dem keine kriegsführende Partei die andere besiegen konnte.

Obwohl der in beiden Romanen beschriebene Krieg immer wieder auch als Bürgerkrieg beschrieben wird, vermischen sich in beiden Werken verschiedene Kriegstypen. Es geht um Staatenkrieg, Konfessions- und Ideologiekrieg, Imperial- und Hegemonialkrieg vermischt mit Elementen von Banden- und Bauerkriegen. So entwickelte sich neben den anderen Kriegstypen ein „Krieg im Kriege" (ibid.: 29), der durchaus Züge eines Bürgerkrieges barg, wodurch ein weiterer wichtiger Bezug zu *American War* hergestellt ist. Gerade Grimmelshausens mit autobiografischen Zügen ausgestattete Hauptfigur Simplicius wird nach einem Überfall schwedischer Soldaten auf den elterlichen Bauernhof nach einiger Zeit selbst Soldat und verübt Überfälle auf Bauern und Reisende, bis er sich schließlich wieder in einen Bauern zurückverwandelt.

Beide Autoren verweisen darauf, dass Krieg alle sozialen und moralischen Ordnungen kollabieren lässt. Nichts wird sein, wie es einmal war. Für Grimmelshausen ist dies der Ausgangspunkt des Romans, für El Akkad bereits das Ende. Ist Krieg für Grimmelshausen „ein Auf und Ab von Glück und Unglück" (ibid.: 690), so ist er für El Akkad die logische Entwicklung der aktuellen politischen Weltlage. Für beide mutiert er zum großen Zerstörer. Er ermöglicht aber auch andere Dinge, die im Frieden so nicht möglich sind, wie zum Beispiel radikale Treue, Freundschaft oder Liebe.

Für Grimmelshausen hängen Glück und Unglück eng voneinander ab und im Krieg muss der Mensch Halt in sich selbst finden, da die alten und positiven Mächte zerbrochen sind. Damit ist der Roman – im Gegensatz zu *American War* – auch ein Bildungsgewicht des moralischen Subjektes, das sich zunächst im naiven, weltfremden und dann später weltkundigen Simplicius, der Landstreicherin Courage und später im Kriegsinvaliden Springinsfeld zeigt. Alle drei sind Charaktere, die der Krieg produziert und beeinflusst hat. Sie leiden unter und profitieren von ihm, werden von ihm geformt und beeinflusst. Grimmelshausen gelingt hier eine Dreiteilung dieser Thematik, während El Akkad die radikale Darstellung all dessen in einem Charakter vorzieht. Beiden Romanen ist aber eigen, dass sich ihre Hauptpersonen auf nichts und niemanden verlassen können, da Fortuna launisch ist *(Simplicissimus)* beziehungsweise der ideologische Missbrauch im Krieg *(American War)* zu stark ist.

Die Reaktion auf den Krieg verläuft trotz ähnlicher Rahmenbedingungen der Charaktere völlig verschieden. Simplicius steigt aus Glücksspiel und Soldatentum aus, er wird sittsam. Sarat gelingt dies nicht, sie bleibt Opfer des Krieges und tragische Figur. Hier ähnelt sie

Courage, die dem Krieg verhaftet bleibt und Anführerin einer Bande wird. Sie verliert zwar ihren psychischen Halt und wird körperlich gebrochen, verlässt aber die Stufe eines Skeptikers wie Springinsfeld (dieser wird „Stolzvoraus") und scheitert. Sie ist auf sich selbst gestellt, während Springinsfeld als Bindeglied zwischen Courage und Simplicius fungieren kann. Grimmelshausen ist hier positiver als El Akkad, da er in seinen Figuren drei Optionen bietet, auf Leid und Unglück zu reagieren. Sarat ist radikales Opfer des Krieges und damit die weitaus tragischere Figur. Sie erinnert an Hemingways Figuren, die in der Schlacht sterben. Simmons (2008) spricht in diesem Zusammenhang von einer Konfrontation des „death in battle" (ibid.: 12). Dieser Unterschied zeigt sich auch am Ende beider Werke. Für den Leser wirkt Simplicius konservativ. Er wünscht die Vorkriegszustände zurück, will sein altes bäuerliches Leben und damit äußeren und inneren Frieden.

Sarat erkennt gegen Ende des Romans, dass eine Umkehr nicht realisierbar ist, auch wenn sie augenscheinlich Frieden gefunden hat.

Krieg wird für sie die einzige Chance, ihr Leben sinnvoll zu gestalten. Sie ist und bleibt sein Opfer. Grimmelshausen verlässt dagegen diese subjektive Ebene und verweist darauf, dass Krieg der von Gott inthronisierte Erzieher des Menschen sei und Auslöser der Theodizeefrage.

Grimmelshausen ist somit moralisch und religiös zu deuten, El Akkad hingegen philosophisch und politisch. Für beide wird jedoch klar, dass der Mensch – egal in welchem Krieg – immer sein Opfer sein wird. Das verbindet beide Autoren.

Der Versuch, zwei so unterschiedliche Romantypen wie den pikaresken Roman und eine Dystopie zu vergleichen, erscheint auch angesichts der zeitlichen Distanz von mehr als 400 Jahren gewagt. Doch zeigen sich weitere erstaunliche Hinweise auf Parallelen in beiden Werken, die auch die unterschiedliche Entwicklung des deutschen und des englischsprachigen Romans zu überwinden scheinen.

Hierunter fallen nicht nur die Themen Krieg, Bürgerkrieg, politische Anspielungen, die Kritik an Religion und Staat, sondern auch biografische Elemente und vor allem die Thematik Krieg – Kind, die im besonderen Fokus dieser Untersuchung liegt.[7]

---

[7] Grimmelshausen kann aber durchaus auch als Pionier der Charakterentwicklung angesehen werden, da sich

Grimmelshausen war ein sehr belesener Autor aber Kritiker gehen davon aus, dass er z. B. mit Thomas Nashes Roman *Unfortunate Traveller* (1594) sowie mit Sir Philip Sydneys *Arcadia* (1590) vertraut war, auch wenn der immer wieder auftretende Vorwurf des Plagiats dieser Werke mit Vorsicht zu sehen ist, da es in der Zeit durchaus üblich war, andere Werke in die eigenen zu integrieren (Wilson, 2009: 820).

Die Thematik Krieg – Kind kann im Roman selbst zwar zunächst nur auf die (wohl am häufigsten zitierte Stelle) am Anfang fixiert werden, doch erweist sich das traumatische Schlüsselerlebnis als Ausgangspunkt für die Gesamtreflektion der Thematik Krieg, was sich auch im Ende des Romans widerspiegelt. Hier entschließt sich die Hauptperson Simplicius die Welt zu verlassen, um als Eremit auf einer Insel zu leben, was literarisch nicht nur als ein Hinweis auf Thomas Morus' *Utopia* (1516), sondern auch auf die Robinsonade als Romanform gedeutet werden kann.

Seit Grimmelshausen findet sich die Thematik Krieg – Kind im deutsch- und englischsprachigen Roman und sie hat diese bis heute mitgeprägt; ein Trend, der sich in der arabischen Welt in Romanen, die den Bürgerkrieg in Syrien reflektieren, wiederspiegelt. Werke wie Ninoz Maleks *Der Spaziergänger von Aleppo* (2017) oder Khaled Khalifas *Der Tod ist ein mühseliges Geschäft* (2018) thematisieren zwar nicht ausdrücklich das Thema Krieg – Kind. Sie sind aber, gleich den beiden hier untersuchten Romanen, Spiegel ihrer Gesellschaften und damit ein Hinweis auf die internationale, nationale und persönliche Tragödie, die der Dreißigjährige Krieg, der Amerikanische Bürgerkrieg, die Kriege in der arabischen Welt oder künftige Krieg mit sich bringen. Insofern sind all diese Werke auch Mahner gegen Krieg und Anwälte für Menschlichkeit; ein Grundanliegen, das schon Grimmelshausen in seinen Roman einfließen ließ.

---

gerade seine weibliche Hauptperson Courage in Daniel Defoes *Moll Flanders* (1722) sowie in Bertold Brechts *Mutter Courage (1959)* wiederfindet als auch ansatzweise in Sarat, der Hauptfigur von *American War*. Alle drei Autoren spiegeln das Leben von Frauen im Krieg wider. Speier (1964) deutet genau diesen Zusammenhang zwischen Krieg, Trauma und Tod als Möglichkeit, moralisch schlecht, denn: „War, to Grimmelshausen meant above all, a tempting opportunity for young people to keep especially bad company" (ibid.: 21), eine Idee, die sich ebenfalls in beiden Romanen wiederfindet.

III. DER DREISSIGJÄHRIGE KRIEG UND DIE OPTION EINES (NEUEN) AMERIKANISCHEN BÜRGERKRIEGES – WIDERSPRUCH ODER LOGISCHE FORTSETZUNG DER KRIEGE NACH 1648?

Beide untersuchten Romane, ihre Erzähl- und Handlungsstränge sowie die Entwicklung ihrer Hauptpersonen werden durch die Präsenz der jeweiligen kriegerischen Auseinandersetzungen massiv geprägt und beeinflusst. Die Nähe beider Kriege, hier die militärischen Auseinandersetzungen im Zuge der Reformation, da die Szenarien eines neuerlichen Bürgerkrieges in Amerika mit globalen Folgen, wirkt zunächst befremdlich, wird aber durch die Art des Krieges erklärbar. Beide Kriege repräsentieren nicht nur die diabolische Vermischung von Religion und Politik und den Missbrauch des Religiösen für politische Interessen, sondern sie spiegeln auch die Totalität des Krieges wider, wenn er ein Krieg gegen die Zivilbevölkerung ist, ein Phänomen, das wir z. Zt. im Bürgerkrieg in Syrien erleben.

Der Weltenbrand des Dreißigjährigen Krieges, die religiösen Wirrungen und Verwirrungen nebst einem christlichen Fundamentalismus, Flüchtlingsdramen, Terror gegen die Zivilbevölkerung durch Mord und Massenvergewaltigungen, Seuchen und die drohende Apokalypse; all das hat seit den Jahren 1618 – 1648 eine vielfache Realisierung erfahren.[8]

Die literarische Aufarbeitung dieser Szenarien im *Simplicissimus* und in *American War* wird durch die Fokussierung auf kindliche Hauptpersonen beider Geschlechter radikalisiert und präsentiert die Thematik Krieg – Kind völlig anders als dies z. B. in den realistischen *Tagebuchaufzeichnungen des Söldners Hagendorf* (1625–1649) oder in Romanen wie *Der Spaziergänger von Aleppo* (2017) von Niroz Malek oder *Der Tod ist ein mühseliges*

---

[8] Der Dreißigjährige Krieg, auch der Große Deutsche Krieg genannt, kann durchaus als erste große Katastrophe Europas der Neuzeit angesehen werden. Neben dem menschlichen, militärischen und wirtschaftlichen Chaos, das durch diesen Krieg ausgelöst wurde, kann aber kulturell und literarisch durchaus auch von einer Epoche des Neubeginns gesprochen werden. So nennt Wilson (2017) dies die „Geburtsstunde der Moderne" und Meid (2018) spricht in diesem Zusammenhang von einem Aufblühen der deutschen Dichtersprache und von einem Beginn einer neuen „Kriegsdichtung" (ibid.: 451) des Barocks, die über eine „ästhetisch-spielerische Note" (ibid.: 451) verfügt.

Geschäft (2018) von Khaled Khalifa der Fall ist. Alle drei spiegeln den Horror des syrischen Bürgerkrieges wider, der in so vielem eine Reinkarnation des Dreißigjährigen Krieges ist. Neben Grimmelshausens autobiografisch gefärbtem Roman gibt es eine zweite literarische Quelle, die als Zeitzeugnis des Dreißigjährigen Krieges immer wieder genannt wird. Diese ist das bereits erwähnte Tagebuch des Söldners Peter Hagendorf, das eine Chronik des Krieges aus der Perspektive des Soldatenlebens darstellt. Hagendorf selbst führte minutiös Buch über sein Leben, das ihn 24 000 km quer durch Europa führte. Thematisch behandelt er, neben der Beschreibung des Soldatenlebens, auch Freundschaft und Verrat sowie die theologische Frage, wo Gott in diesem Krieg, der auch als eiserne Zeit tituliert wird, steht. Söldner wie Hagendorf wurden meist angeworben und das Leben als Soldat war oft ihre einzige Chance, der Armut zu entkommen. Wichtig ist der Hinweis, dass Söldner für Geld kämpften (und kämpfen) und nicht für eine gute Sache, Religion oder eine bestimmte Ideologie.

Der Hinweis, dass El Akkad den Krieg in die Zukunft setzt, verweist auf eine weitere inhaltliche Verbindung der hier untersuchten Romane, die in der physischen und psychischen Vernichtung von Kindern, die die Zukunft einer Nation bilden, liegt.

Die inhaltliche und strukturelle Parallelität beider Werke erweist sich bei näherer Betrachtung des historischen und fiktiven Hintergrunds als möglich, da beide Autoren ihre jeweiligen Hauptpersonen in einen ähnlichen politischen und gesellschaftlichen Rahmen einbauen, um von hier Charakteranalyse und Gesellschaftskritik entfalten zu können.

Von vielen wird der Dreißigjährige Krieg primär als ein Konflikt der Konfessionen angesehen, in dem die Protestanten rund 100 Jahre nach Martin Luther versuchten, ihr religiöses Terrain zu behaupten oder zurückzugewinnen. In Wirklichkeit aber muss dieser Krieg als erster paneuropäischer Konflikt und Vorbereiter der ersten globalen Auseinandersetzung, des Siebenjährigen Krieges (1756–1763), angesehen werden. Es ging schlichtweg – wie in El Akkads Roman – um Krieg, Macht und Einfluss. Zunächst auf das deutsche Territorium beschränkt, entwickelte er sich schnell zu einem Hegemonialstreit zwischen den europäischen Mächten Dänemark, Frankreich, Schweden, Spanien sowie dem deutschen Kaiser. Das Verlassen des Lokalkolorits, hier der Spessart und dann Deutschland, dort der amerikanische Süden, Amerika und schließlich die gesamte Welt, verweisen nicht nur auf die Bedeutung des Lokalen für beide Hauptpersonen, sondern verdeutlichen auch die globale Dimension von Kriegen. Trotz des nationalen Ausmaßes von Krieg favorisieren beide Autoren das Lokalkolorit, um so eine räumliche Verdichtung des Krieges zu erzielen. Die *War Poets* des Ersten Weltkrieges erreichten dies durch die Enge der Schützengräben.

Fast alle Auseinandersetzungen des Dreißigjährigen Krieges wurden auf deutschem Boden ausgetragen und können deshalb auch als Bürgerkrieg angesehen werden. Chronisten sprechen schon bald vom ‚Teutschen Krieg', obwohl er in halb Europa stattfand. Ein Umstand, der sich bei El Akkads Titelauswahl als Anlehnung an den Amerikanischen Bürgerkrieg wiederfindet. Die Beschreibung des Krieges in beiden Romanen weist ebenfalls eine erstaunliche Menge von Parallelen auf. Beide Werke schildern ihren Krieg als Machtkampf, der durch einen unklaren Frontverlauf und die Rücksichtslosigkeit seiner militärischen Führer und Soldaten geprägt ist. Die Brutalität zeigt sich vor allem auch gegenüber der Zivilbevölkerung. Mord, Vergewaltigung und Folter sind offensichtlich und das Quälen mittels des Schwedentrunks im *Simplicissimus* wird durch Waterboarding in *American War* aktualisiert. Plünderungen und eine Politik der verbrannten Erde sind weitere Indizien beider Werke auf die Ähnlichkeit ihres literarischen Hintergrundes. Weitere finden sich in der hohen Anzahl der Opfer, hier mehr als 4 Millionen, dort hunderte Millionen, sowie in der Anzahl der Schlachten und Kämpfe. Daneben müssen Hunger und Seuchen dazu gezählt werden und deren bewusste Auslösung in *American War* durch eine biologische Kriegsführung. Hans Jakob Christoffel von Grimmelshausen verfasst, ebenso wie der Söldner Peter Hagendorf in seinem Tagebuch, seine Erlebnisse autobiografisch. El Akkad verfügt zwar nicht über diesen autobiografischen Hintergrund, schreibt aber ebenfalls aus der Perspektive einer Soldatin über Krieg. Beide Autoren beziehen so die Perspektive der Soldaten und Söldner ein, die in beiden Kriegen mordend, raubend und plündernd durchs Land ziehen, um andere Menschen zu töten – auch um sich selbst zu retten. Beide Autoren beschreiben ihre Erlebnisse rückblickend aus der Friedensperspektive, die sich für beide als Illusion erweist, da dieser Frieden letztlich nur vorläufig sein wird.

So verarbeitet Grimmelshausen das Erlebte autobiografisch, El Akkad in seiner Dystopie. In seinen Romanen, Kalendergeschichten und Erzählungen beschreibt Grimmelshausen den Krieg aus der Perspektive jemandes, „der auch dabey gewesen' ist und erreicht dadurch eine eindringliche Skizzierung des Grauens des Krieges. Diese subjektive Ebene kann und will El Akkad nicht erreichen. Seine Analyse des Krieges ist aber nicht weniger überzeugend, da sie eine gewisse Objektivität beinhaltet. Bei Grimmelshausen ist das junge ICH auch das alte ICH und der Autor balanciert beide Erzählperspektiven aus. Dies geschieht sowohl innerhalb als auch außerhalb der Erzählung. Die distanzierte Sicht der Hauptperson alterniert immer mit dem jüngeren Helden, was wiederum eine wechselnde Perspektivierung des Krieges ermöglicht.

El Akkads Vorgehensweise ist ähnlich. Auch er erzählt die Geschichte seiner weiblichen Hauptperson rückblickend, aus der Perspektive von Sarat sowie mittels eines männlichen Erzählers. Als Resultat findet sich bei Grimmelshausen nicht nur eine objektive Darstellung des Krieges, sondern auch eine moralische Belehrung. Ist diese für Grimmelshausen aus seinem Verhaftetsein in der Literatur des Altertums und dem Anspruch einer moraldidaktischen Verwertbarkeit zu erklären, so ergibt sie sich bei El Akkad aus der Gefahr eines globalen Kriegs, der sich aus einem lokalen Konflikt ergeben kann, und seiner Warnung an den Leser, dass sein Roman letztlich nicht nur von Krieg handelt, sondern von der Möglichkeit des Untergangs der Menschheit. So kann das Ende des Prologs von El Akkads Roman mit den Worten „This isn't a story about war. It's about ruin" (AW: 7) durchaus auch für Grimmelshausens Werk gelten.

Die Reflektionbeider Hauptpersonen im Rahmen Krieg wird durch die räumliche Begrenzung der kartierten Region noch weiter radikalisiert, da der persönliche Entwicklungsrahmen limitiert ist und der Leser eine genauere Charakteranalyse vorfindet. Dies hat auch Einfluss auf die zeitliche Ebene, da sowohl der Süden Amerikas als auch Deutschland als problematische und ideologisch aufgeladene Räume fungieren. In diesem begrenzten Raum setzen beide Autoren ihre jungen Hauptpersonen und deren Identitätssuche, die durchaus Elemente von narrativer Geografie, Interkulturalität, Hybridität, Differenz und Vergangenheitsbewältigung aufweisen und damit vielschichtig sind. Der Prozess der Erinnerung durchzieht beide Werke, erfährt aber durch

Grimmelshausen eine doppelte Funktion als alter Erzähler und junge Hauptperson und so einen anderen Charakter als El Akkads wertneutraler männlicher Erzähler, der das Leben von Sarat Chestnut abarbeitet. Dennoch sind sich auch hier beide Werke ähnlich und die Betonung des Prozesses der Erinnerung verweist zu Recht auf die Gruppe von Autoren, die die Bedeutung der Erinnerung für die fiktive Gegenwart benutzen, was als „*fictions of memory*" (Nünning, 2007: 7) beschrieben wird. Dies gilt für beide Romane umso mehr, als sie die Identitätsfrage in der eigenen Familiengeschichte verorten.

Beide – Simplicius und Sarat – sind zugleich Helden und Anti-Helden. Sie kämpfen mit sich und der Gesellschaft. Indem sie sich immer wieder von der Gesellschaft absondern, ähneln sie literarischen Figuren wie Huckleberry Finn (1884), Captain Ahab (1851) oder Billy Pilgrim (1969).

Seit dem Zweiten Weltkrieg hat sich dieses Bild des Helden und Anti-Helden abgeschwächt. Simmons (2008) spricht sogar davon, dass sich der Glaube an „the concept of the great individual" (ibid.: 11) aufgelöst hat.

Dennoch steht Grimmelshausens Hauptfigur fest in diesem historischen Rahmen und wird zeitlebens von ihm geprägt. Die Welt ging damals nicht unter, aber sie wurde in ein noch nie da gewesenes Chaos gestürzt, das apokalyptischer anmutete als alles, was die Menschen vorher erlebt hatten. Neben den regulären Truppen zogen Heerscharen von Deserteuren, Räubern, Plünderern und Vergewaltigern jahrelang durch die Lande und terrorisierten die Menschen. Wer nichts mehr besaß, wurde gefoltert oder getötet und es folgte die Praxis der verbrannten Erde, welche Hunger und Seuchen bedingte. Die Exzesse, die sich in diesem Umfeld entfalten konnten, müssen heute als Sadismus beschrieben werden. Sie reichten vom ‚Schwedischen Trunk' (beschrieben von Grimmelshausen), der Verbrennung der Geschlechtsteile, dem Zerreißen von Körperteilen bis hin zur Vergewaltigung und dem Ermorden minderjähriger Mädchen (s. die Chronik des Andechser Abts Maurus Friesenegger).

Historiker schätzen die Zahl der Toten auf rund 5 Millionen Menschen. Gemessen an der damaligen Gesamtbevölkerung waren dies mehr Opfer als im Zweiten Weltkrieg. Nur ein Siebtel starb auf dem Schlachtfeld. Dies ist ein eindeutiges Indiz für das Leiden der

Zivilbevölkerung. Ganze Landstriche wurden entvölkert und Historiker wie Erich Gotthard sprechen gar vom ‚schlimmsten Krieg der Weltgeschichte'. Recht, Ordnung und ein reibungslos funktionierender Staat hatten aufgehört zu existieren und zeitweise herrschte Anarchie.

All dies findet sich als Hintergrund in Grimmelshausens Roman und als zukünftiges Szenario in El Akkads Werk. Es sind diese Ereignisse, die Millionen von Menschen nicht nur traumatisierten, sondern auch für Millionen von Kindern, Jugendlichen und jungen Erwachsenen nichts anderes mit sich brachten als den Krieg und seine Folgen. Diese Kriegsgeneration bildete zwar den Kern einer zukünftigen Gesellschaft, vererbte aber Furcht und Angst in einem Maße, welches das Leben der Menschen jahrzehntelang beherrschte. Beide Autoren beschreiben genau diese Furcht des Individuums, Grimmelshausen indirekt, El Akkad direkt.

El Akkad liefert eine genauere Analyse der Gefahr, die sich aus diesen Rahmenbedingungen eines Bürgerkrieges ergibt. Viele seiner Figuren sind Kriminelle und Psychopathen, die ihre dunklen Triebe hier ausleben können – wie im Fall von Sarats Mentor Gaines. Die Entwurzelung vieler Menschen fand jedoch nicht nur psychologisch statt, sondern auch geografisch. Mitunter zogen mehr als eine halbe Million Menschen durch das Land.

Interessanterweise findet sich die Flüchtlingsthematik nicht nur in den hier untersuchten Werken, sondern beide Autoren integrieren sie in das Gesamtszenario eines Bürgerkrieges, der in Grimmelshausens Roman auch einen religiösen Hintergrund hat. El Akkad hingegen setzt diesen Hintergrund mehr politisch an. Plündern, Rauben, Morden, Vergewaltigen und das Instrumentalisieren von Kindern und Jugendlichen finden sich in beiden Kriegen. Zwar ist Grimmelshausens Krieg historisch und wird autobiografisch erlebt, doch verwendet El Akkad den historischen Hintergrund des Amerikanischen Bürgerkrieges, um traditionelle Elemente von Krieg mit aktuellen und möglichen zukünftigen zu vermischen. Dadurch wird seine Zeichnung von Krieg radikaler. Beide Autoren benutzen aber einen kleinen geografischen Raum, um ihren Krieg zu beschreiben und um ihre Figuren dort zu analysieren. Für Grimmelshausen ist es der Spessart und der Raum Hanau, für El Akkad der amerikanische Süden und das stilistische Element der Grenze. *American War* thematisiert hier teilweise die Thematik *border / frontier* zwischen verfeindeten Nationen. Grimmelshausen hingegen unterscheidet zwischen Zivilisiertem und Unzivilisiertem. Beides sind Räume, die der junge Simplicius erlebt und in denen er sich bewegt und entwickelt.[9]

Die Totalität des Krieges wird von beiden Autoren in ihren Hauptpersonen angelegt und zeigt sich bereits in der Vernichtung ihrer beider Familien und ihrem Status als Waisen bzw. Halbwaisen. Dort findet sich ein weiteres innovatives Erzählelement in Grimmelshausens Roman, da er – im Gegensatz zu El Akkad – auf keinerlei literarische Tradition der Thematik Krieg – Kind zurückgreifen kann.

Hier zeigt sich in beiden Romanen eine ähnliche Vorgehensweise, Krieg und Terror aus der kindlichen Perspektive zu erleben und sie zu beschreiben.

Beide Kinder erleben Krieg, Verfolgung und das Töten mit eigenen Augen. Sie verarbeiten das Erlebte letztlich auch damit, dass sie selbst zu Soldaten werden. Das ist tiefenpsychologisch zu erklären. Dennoch kann Sarat, im Gegensatz zu Simplicius , nicht ethisch urteilen. Folter, Vergewaltigung, Morden, Rauben, Vertreibung und Brandschatzen erlebt und beschreibt der junge Simplicius aus der kindlichen Perspektive. Dadurch wird die Realität des Krieges teilweise verdeckt. Sarat geht radikaler vor, sie lebt ihren eigenen Krieg und tut dies bewusst bereits als Kind. Ihre Entwicklung wird trotz der Begleitung des Erzählers radikaler präsentiert, auch weil im *Simplicissimus* die wechselnde Perspektive zwischen dem alten und dem jungen Helden eine unterschiedliche Perspektivierung von Krieg ermöglicht. Diese findet sich in *American War* nur ansatzweise.

Beide geschichtlichen Hintergründe weisen aber eine weitere Gemeinsamkeit auf: die

---

[9] Grimmelshausen ist – religiös betrachtet – ein typisches Kind seiner Zeit. Alles Unheil, also auch der Krieg, wird als Strafe Gottes angesehen. Otto (2003) sieht ihn „as a punishment sent from God" (ibid.: 361). Grimmelshausen geht aber noch einen Schritt weiter. Er sieht den Krieg auch als Möglichkeit oder Raum, „which creates the conditions in which his characters live" (ibid.: 361), d. h. der Krieg konditioniert den Charakter und seine Entwicklung, eine literarische Logik, die seit Grimmelshausen in der Literatur als Selbstverständlichkeit angesehen wird und gerade für die frühen Jahre eines Menschen gilt. Der Krieg vertreibt den Menschen aus seinem Paradies. Grimmelshausen rückt hier in die Nähe von John Milton und seinen Werken *Paradise Lost* (1667) *und Paradise Regained* (1671). Kritiker sprechen u. a. von einer „Paradies – Metaphorik" (Meid, 1984: 130), deren Basis im Dualismus von Gut und Böse zu sehen ist, eine weitere Parallele zu *American War*.

Bedeutung von Tod und Terror im Krieg. Das Thema Tod ist bei Grimmelshausen „stets präsent" (Baron, 2016: 471) und kann so als ein Leitmotiv angesehen werden. Dies gilt auch für *American War*. Ist der Hintergrund von Tod bei Grimmelshausen auf den mittelalterlichen Dualismus von Diesseits und Jenseits angelegt, so findet er sich in *American War* im aktuellen Dualismus von Gut und Böse, politisch wie militärisch. Die Reaktion der Menschen auf die Nähe des Todes ist ähnlich. Sie reicht von Askese, Furcht, Sehnsucht Todesgewissheit bis zur Dekadenz. Das Thema Tod kann deshalb in beiden Werken als Element mit einem rahmenden Charakter angesehen werden, der die (alte) Welt beider Kinder radikal verändert. Der Überfall auf sein Dorf ist für Simplicius der Beginn dessen, was die Kritik die „verkehrte Welt" nennt.[10] Die göttliche Ordnung hat aufgehört zu existieren und die Welt scheint aus den Fugen geraten. Ein Ansatz, der auch für die junge Sarat gelten muss, wenn sie zu Beginn des Romans aus ihrer Heimat vertrieben wird. Auch der Tod beider Hauptpersonen verbindet sie, ist er doch selbst insofern nicht zentraler Teil, da er vom jeweiligen Erzähler bedient wird.

Der Begriff Terror erweist sich im Grunde als vielschichtig und findet sich meist im politischen und (neuerdings) im religiösen Bereich. In diesem Segment meint Terror den angedrohten und / oder ausgeübten Einsatz von physischer Gewalt zur Erzwingung oder Umsetzung politischer Ziele. Das 20. und 21., aber auch bereits das 17. Jahrhundert waren Zeiten, in denen Menschen entwürdigt, gefoltert, vergewaltigt, getötet oder entführt wurden.

Beide Romane behandeln Terror direkt oder indirekt, allein deshalb, weil sie ihre Protagonisten Terror erleben und durchleben lassen. Beide Kinder erfahren nicht nur die Androhung von Gewalt, sondern deren unmittelbare Ausübung. Dies alles hat Konsequenzen für ihr weiteres Leben. Ihre Identität wird mehrfach zerstört und ihre Lebensläufe werden gebrochen. Beide sind letztlich traumatisiert. Dies ist ein Phänomen,

---

[10] Zum Begriff der „verkehrten Welt" vgl. u. a. Sieveke (1973). Dieser sieht Grimmelshausens Ansatz in der Tradition des Mittelalters verhaftet, deren Basis die „humanistische Dialogsatire" sowie das „Gedankengut der mittelalterlichen Teufelsliteratur" (ibid.: VII) war. Grimmelshausen sieht den Menschen hier jenseits aller positiven Wendungen, d. h. das Gute ist für ihn „utopian" (Speier, 1964: 21). Moralisch gut ist letztlich nur der Eremit, der die Welt verlässt. Sarat Chestnut ähnelt dem Eremitenbild insofern, als auch sie bewusst die Welt verlässt, nicht um Gott zu finden, sondern um zu töten. Sie fungiert hier also als literarischer Gegenentwurf zu Grimmelshausen.

das Grimmelshausen so noch nicht kannte, was er aber in seinem Roman ansatzweise verarbeitete, um es so in seine eigene Biografie integrieren zu können. El Akkad benutzt hier eine objektive Vorgehensweise. Seine Person wirkt dadurch tragischer, weil sie dem Schrecken, Krieg und Terror nicht den Platz in ihrer eigenen Lebensgeschichte einräumt, den sie verdienen, um verarbeitet werden zu können. Dies wird durch die Art des Krieges verhindert, denn El Akkad beschreibt seine Welt aus der Perspektive der neuen irregulären Kriege, den *hybrid wars*.[11]

---

[11] Terror wird vielfältiger, spontaner und brutaler erlebt und greift auf neue Methoden zurück. Dadurch wird sein Roman auch visionär. Der englische Begriff *hybrid war*, deutsch Hybridkrieg, beschreibt eine hybride Kriegsführung, d. h. eine flexible Mischform von militärisch offenen und verdeckten, sowohl symmetrisch als auch asymmetrisch konstruierten militärischen wie nicht-militärischen Konfliktmitteln. Als Elemente einer hybriden Kriegsführung gelten der Einsatz von verdeckt kämpfenden Truppen, bzw. Soldaten und die Nutzung von umfänglichen Kampfmitteln atomarer, biologischer und chemischer Art sowie der Einsatz von gezielter Desinformation, *black propaganda* und Cyberattacken. Ein Hauptproblem dieser Art von Kriegsführung liegt in der Unterscheidung zwischen den Begriffen Soldat, Terrorist oder *unlawful combatants*, also Kämpfern ohne Uniform, die als Terroristen angesehen werden, weil sie sich in einem rechtsfreien Raum bewegen. Die Basis von hybriden Kriegen sind also terroristische Handlungen und manipulative Vorgänge wie gezielte Fehlinformationen sowie Cyberattacken. Der Begriff Cyberkrieg oder englisch *cyber war* selbst entstammt dem Kofferbegriff cyber-space und -war. Er beinhaltet Methoden wie Spionage, *defacement* (Veränderung vom Inhalt von Webseiten) sowie diverse Formen von *social engineering*, dem Einschleusen kompromittierter Hardware. Er beinhaltet das, was Foucault (1991) unter seinem Politikbegriff subsumiert, wenn er sagt, dass heutige Politik die ‚Fortsetzung des Krieges mit anderen Mitteln ist und nicht umgekehrt'. Foucault selbst steht hier in der Reihe von Militärs und Philosophen wie Sunzi, Machiavelli oder Clausewitz, der schon früh von einem ‚Nebel des Krieges' sprach und damit genau diese zweite wichtige Front neben der militärischen im Auge hatte.

IV. DIE FIGUR DES WAISENKINDES IM ROMAN

Kinder, Jugendliche und Erwachsene kennen viele Geschichten und Romane, in deren Mittelpunkt ein Waisenkind steht. Waisenkinder finden sich in allen Nationalliteraturen und weisen eine lange literarische Tradition auf. Dies gilt auch für den deutsch- wie englischsprachigen Raum. Im englischen Roman finden sich seit der Veröffentlichung von John Newberrys Werk *Little Goody Two Shoes* (1765) eine Vielfalt von Waisenkindern. Kritiker sprechen für das 18. und 19. Jahrhundert auch von einem Hype an Waisenkinderfiguren. Seit dem Beginn des literarischen Interesses an dieser Figur kann festgestellt werden, dass Waisenkinder prinzipiell als Figuren dargestellt werden, die ihr Leben losgelöst von gesellschaftlichen Konventionen leben müssen und mit einer Welt konfrontiert werden, die eine Unmenge an Gefahren und Abenteuern liefert. Bekannte englische Figuren sind Heathcliff, Jane Eyre, James Fairfax, Miles and Flora, Oliver Twist, Martin Chuzzlewit, David Copperfield, Anne Shirley, Tom Sawyer, Frodo Haggins und Harry Potter.

Die zentrale Bedeutung von Waisenkindern für die Entwicklung eines Romans liegt sicherlich in ihrer mannigfaltigen Verwendung begründet, die die Themen Überleben, Heimat, Selbstgestaltung, Widerstand oder Tod beinhaltet. Kulturell, politisch, religiös und gesellschaftlich ist das Waisenkind ebenfalls interessant, lotet es doch oft Vergangenheit und Gegenwart aus, um die eigene Identität zu finden, die Position von Familie zu reflektieren und ein gesellschaftliches Gefüge zu beleuchten. Zwischen Leser und Waisenkind entsteht hierbei oft eine erstaunliche Nähe, auch weil Waisenkinder besondere Heldenfiguren sind, die anders sind als der Rest der Gesellschaft. Kimball (1999) sagt über die Bedeutung dieser Figur: „Orphan characters in folktales and literature symbolize our isolation from one another and from society. [...] orphans are clearly marked as being different from the rest of society. They are the eternal Other" (ibid.: 559).

Waisenkinder sind per Definition Kinder, die einen oder beide Elternteile verloren haben. Der Begriff umfasst auch diejenigen Kinder, die in Heime weggegeben oder adoptiert wurden. Diese Möglichkeiten umfassen auch den Typ von Waisenkind, dessen Eltern beide noch leben, das aber ohne seine Eltern leben muss (Moses, Ödipus, Quasimodo). Hier tritt an Stelle der Elternfuktion oft ein nettes altes Ehepaar, ein Zauberer, eine kinderlose

Königin, ein mystischer Gott oder – wie im Fall von Simplicius und Sarat – ein väterlicher Mentor.

Prinzipiell erscheint das Waisenkind als eine Figur, die aus der Normalität einer Familie herausgeworfen wurde und sich eine neue Heimat in jener meist feindlich gesinnten Umgebung gestalten muss, um die Gefahren des Lebens angehen zu können.

Waisenkinder verkörpern somit eine kulturelle Sehnsucht nach Charakteren, die ums Überleben kämpfen, die Außenseiter sind, und den Mythos des Waisenkindes als Figur, die korrupte und nicht zu akzeptierende gesellschaftliche Strukturen ablehnt. Simmons (2008) spricht in diesem Zusammenhang von einem „orphan myth" (ibid.: 36).

Stilistisch ist es oft so, dass die o. g. literarische Verbindung zwischen Leser und Waisenkind dazu beiträgt, dass die Erzählfigur des Kindes den Leser an die Hand nimmt und ihn durch die Erzählung führt, als Spiegel fungiert und moralisch operiert, auch weil Waisenkinder die Herausforderungen der Welt (meist) allein annehmen. Neben dieser Einsamkeit der Figur zeichnen viele Autoren ein unbegrenztes Maß an Freiheit, das wiederum aber auf dem Verlust von Sicherheit basiert. Ziel aller Waisenkinder ist es, nach Hause (zu Mutter und Vater) zurückzukehren oder ein neues Zuhause in Form von Schutz und Zuflucht zu finden. Beides nicht zu realisieren bedeutet, ein Außenseiter zu bleiben.

Simplicius und Sarat verkörpern genau diese beiden Möglichkeiten und sind Beispiele dafür, dass ein Waisenkind am Ende seines Lebens diesen Status verlassen kann, weil es eine neue Heimat gefunden hat (Simplicius) oder scheitern kann (Sarat).

Für den Leser liegt die stärkste Faszination an der Figur des Waisenkindes darin, dass es sich hierbei um eine Person handelt, die allein in der Welt ist und die Herausforderungen meist ohne Hilfe bewältigen muss. Der Erzähler erreicht dadurch eine Fokussierung der Erzählung, da der Leser sehr eng an die Figur des Waisenkindes gebunden wird. Die stilistische Idee der physischen Einsamkeit wird dabei mit einer Unmenge von gedanklichen Optionen konfrontiert, die ohne elterliche oder staatliche Autoritäten beschrieben werden.[12] Die vorhandene gedankliche und physische Freiheit wird aber mit dem Verlust von Sicherheit konfrontiert, da es keinen Schutz von Familie oder einem Zuhause mehr gibt. Die Polarität des Waisenkindes basiert oft auf dem Extrem, Herausforderungen anzunehmen und sie auszuhalten. In dieser Spannung liegt eine fundamentale Grundstruktur des Waisenkindes und sie macht es dadurch zu einem literarischen Archetyp. Das finale Ziel aller Waisenkinder ist die unbeschadete Rückkehr in ein Zuhause. Zuhause kann auch nur der Raum von Schutz oder Zuflucht sein. Hier spielt ein Gefühl von Sicherheit die entscheidende Rolle.

Die Gesellschaft und der Roman als einer ihrer Spiegel wollen aber den permanenten Status des Waisenkindes nicht. Deshalb enthielten in der Vergangenheit die meisten Werke mit Waisenkindern ein glückliches Ende, so auch im *Simplicissimus* als traditionellem Roman. Für Sarat als modernes Waisenkind ist das anders. Ihr mentaler, physischer und sexueller Missbrauch machen sie zu einem modernen negativen Kriegsbeispiel eines Waisenkindes, einem Opfer des Krieges. Simplicius und Sarat folgen literarisch dem, was Head (2002) als „quest for a settlement" (ibid.: 170) für die Figuren der ersten Einwanderer nach England ansetzt, nämlich der Sehnsucht nach Heimat und Geborgenheit. Für Kriegskinder ein hohes Gut. Beide Autoren beschreiben den Krieg zwar aus der Perspektive des Kindes, halten aber durch den omnipräsenten Erzähler die Realität des Krieges für den Leser quasi auf Distanz. Sie tun dies „in an undramatic, unforced fashion" (Aylett, 1982: 28).

Beide zeichnen Charaktere, die als öffentliche und private Personen dargestellt werden, was eine Kongruenz der fiktionalen Welt mit der realen (Grimmelshausen) oder dystopischen (El Akkad) mit sich bringt.

Waisenkinder reflektieren letztlich unsere eigene Isolation von anderen und der Gesellschaft. Sie symbolisieren den anderen in uns und der Gesellschaft und stehen für die Gefahr, verlassen zu werden, da ihnen diejenige Struktur fehlt, die menschliche Individualität prägt: die Familie. Waisenkinder sind Außenseiter, weil sie unverschuldet

---

[12] Immer wieder vorkommende strukturelle Elemente vieler Romane mit Waisenkindern liegen in den Themen Geschlecht, Helfern, Misshandlung, der Suche nach Identität und Heimat, der Überwindung von Hindernissen, Belohnungen, Bestrafungen und dem Kampf ums Überleben.

nicht der gesellschaftlichen Normalität entsprechen und sie warnen davor, dass diese Einsamkeit jeden treffen kann, temporär (Simplicius) oder final (Sarat).

V. DIE LITERARISCHE KONSTELLATION KIND UND KRIEG – EIN KURZER ÜBERBLICK AUS ENGLISCHSPRACHIGER PERSPEKTIVE

Grimmelshausen muss für den europäischen Sprachraum als einer der ersten Schriftsteller angesehen werden, der die Thematik Krieg – Kind explizit bearbeitete. Dies liegt zum einem an der autobiografischen Struktur des Romans selbst, aber auch an der Verarbeitung von Krieg als solchem. Sicherlich wäre es falsch, an sein Werk moderne tiefenpsychologische Ansätze heranzutragen. Dennoch kann seine Perspektive auf den Krieg aus der Sicht eines Jungen als innovativ angesehen werden, da sie die Gesamterzählung einleitet und bestimmt und der Dreißigjährige Krieg als ein Leitmotiv seines Werkes angesehen werden kann. Grimmelshausen ist mit dieser Thematik ein aktueller Dichter und sein Werk verfügt über ein enormes kritisches Potenzial, das „keineswegs ausgelotet ist" (Gaede, 1989: 9) und ihn modern macht.

Er war nicht nur ein „Fremdling und ein Grenzzerstörer" (ibid.: 26), sondern auch ein Provokateur im wahrsten Sinne des Wortes. Er wollte aufrütteln und dem Menschen einen Spiegel vorhalten. Kurzum, Grimmelshausen ist kein literaturhistorisches Kuriosum, sondern als „philosophierender Dichter und dichtender Philosoph" (Arnold, 2008: 257) wahr- und ernst zu nehmen

Die Perspektive des Waisenkindes verstärkt die Analyse des Krieges und Grimmelshausen erreicht dadurch eine Fokussierung der Hauptperson in Extremsituationen wie Zerstörung der Heimat, Tod der Eltern (Knan), Vergewaltigung, Folter oder Mord und den Verlust seiner zweiten Bezugsperson, des Einsiedel. Die Tatsache, dass Simplicius selbst zum Soldaten wird und den Krieg aus der Erwachsenenperspektive weiter analysiert, führt eine Verdoppelung der Perspektive Krieg (durch beide Altersgruppen) mit sich. Der Leser erfährt so Krieg aus der Kinder– und Erwachsenenperspektive.

Kritiker – gerade im englischsprachigen Raum – verweisen deshalb zu Recht immer wieder auf Grimmelshausen oder Thomas Nashes Werk *Unfortunate Traveller* (1594) als zwei Pionierwerke dieser Thematik.

Die Thematik Krieg – Kind – Überleben findet sich vermehrt in der Literatur des 19. und 20. Jahrhunderts, was sich sicherlich mit einer Aufarbeitung der in dieser Zeit geführten Kriege erklären lässt. Müssen Werke wie *Treasure Island* (1883) noch im Zusammenhang mit ‚Empire building' angesehen werden, so bringen die *Anne of Green Gables Series* (1941), *Lord of the Flies* (1954), *The Painted Bird* (1965) oder *Slaughterhouse Five, or the Children's Crusade* (1969) eine literarische Radikalisierung im Sinne einer extremen Auseinandersetzung von Kindern mit Krieg durch die Erwachsenenwelt. Diese Verlagerung führte zu neuen Themen wie der Zerstörung von Illusionen und kindlicher Unschuld sowie einem permanenten Fehlen von Familie und Heimat oder aber einer Einführung der Thematik *border* als einschränkendem fiktiven Raum. Diese Thematik findet sich beispielsweise bei *American War* auf extreme Art und Weise.Hier wird die Erzählung geradezu auf das Grenzgebiet fokussiert. Es ist hier die Grenze zwischen Freund und Feind, die die Identität der Hauptperson bestimmt.

Die bereits erwähnte literarische Tradition der Thematik Krieg – Waisenkind begann im 19. Jahrhundert mit Romanen wie *With Clive in India* (1883) von G. A. Henry, Kiplings *The Jungle Book* (1884) oder *Kim* (1901) und hat sich in bekannten Werken (sowie deren Verfilmungen) wie John Ronald Reul Tolkiens *Lord of the Rings Trilogy* (1954–55), G. S. Lewis *Seven Chronicles of Narnia* (1950–1956) oder Suzanne Collins *The Hunger Games* (2008–2010) etabliert. Aktualisiert wird diese Tradition durch die Intensivierung der Themenbereiche Krieg, Verlust, Überlebenskampf oder Trauma, die sich u. a. in Werken wie *Time to go Back* (1972) von Mable Esther Allan, *Empty World* (1977) von John Christopher oder Diane Wynne Joes *A Tale of the City* (1987) widerspiegelt.

Die gegenwärtige literarische Entwicklung dieser Thematik zeigt nicht nur eine Bearbeitung durch immer mehr weibliche Autorinnen, sondern auch eine Integration von aktuellen Themenbereichen wie Berichten von Kindern als Kriegsverschleppte, Vertriebene und Emigranten, versteckten wie gestohlenen Kindern sowie eine Analyse von aktuellen Kriegsgebieten und der Reflektion von psychologischen Themen wie Trauma,

Neurosen, Gewalt oder einen Mangel an Empathie.

Die literarische Entwicklung nach dem 11. September 2001 führte ebenfalls zu einer Betonung der Thematik Krieg – Kind – Terror, auch wenn sie sich in Strömungen wie der *9/11 Novel* oder *Ground Zero Fiction* nur marginal wiederfindet (siehe *Get Your War On*, 2002; *September Roses*, 2004; *September 11, Then and Now*, 2011).

Auffallend ist gegenwärtig die Verarbeitung der Thematik in Romanen von Autoren mit islamischem Hintergrund. Werke über Länder wie Afghanistan (*The Kite Runner*, 2003) sowie Pakistan (*The Golden Age*, 2007 oder *The Good Muslim*, 2011) verweisen weiterhin auf die Aktualität dieser Thematik, auch wenn die Autoren den Krieg in den ehemaligen Kolonien verorten und ihn aus ihrer (zumeist) westlichen Perspektive analysieren.

Die gegenwärtige literarische Verarbeitung der Thematik Krieg und (Waisen-)Kind hat nicht nur durch die Gruppierung von Autoren mit postkolonialem oder islamischem Hintergrund eine Vertiefung der Thematik erfahren, sondern die Bandbreite der Themen hat sich zusätzlich vergrößert. Neben dem klassischen Verlust von Familie, Heimat oder Bezugspersonen werden nun Themenaspekte wie seelische und körperliche Leiden verschärft dargestellt und mit Themen wie Vergewaltigung, Krankheiten, Prostitution oder einer stetigen Todesgefahr gepaart. Neben dem persönlichen Verlust und Trauma wird so sozialer, kultureller und religiöser Verlust ebenfalls neu akzentuiert. Diese Entwicklung verlief im amerikanischen und kanadischen Umfeld nicht so extrem. Dies hat vor allem damit zu tun, dass die hier beschriebnenen Kriege meistens im Ausland stattfinden. Hier standen die Aspekte Abenteuer und Geschichte von Kriegen im Vordergrund. Diese waren oft auf einen lokalen Rahmen (Dorf, Stadt, Bundesstaat) beschränkt. Das führte zu einer räumlichen Reduzierung der Erzählung - ein Phänomen, das sich erst durch die wachsende Anzahl von ‚migrant writers' änderte - die den Roman gerade in Amerika aus seinem kleinbürgerlichen in einen globalen Rahmen herauskatapultierte. Die eher traditionell arbeitenden amerikanischen und kanadischen Autoren nutzten den historischen Rahmen von Kriegen (z. B. John Grays *Billy Goes to War*, 1971 oder Timothy Findley *The Wars*, 1977)) meist, um die Handlung voranzutreiben und um die Charakteranalyse zu forcieren. Die Unterscheidung zwischen männlichen und weiblichen Hauptfiguren muss ebenfalls als verschieden angesehen werden. Die männlichen Charaktere erleben Krieg oft als Befreiung und Abenteuer. Mädchen verbleiben zumeist im passiven femininen Raum, der weniger Chancen für eine aktive Teilnahme oder Heldentum bietet, kurzum der traditionellen Erzählweise verhaftet bleibt. Dies konnte El Akkad mit *American War* aufbrechen, da seine weibliche Hauptfigur eine männliche Metamorphose erlebt.

VI. EIN LITERARISCHER VERGLEICH DER THEMATIK KRIEG – KIND IN BEIDEN ROMANEN

Die dieser Arbeit zugrundeliegende zentrale Untersuchung der Thematik Krieg – Kind wird von beiden Autoren zwar unterschiedlich bearbeitet, sie weist aber trotz der verschiedenen Konzeption beider Werke und der großen zeitlichen Distanz zahlreiche Gemeinsamkeiten auf, die eine vergleichende Analyse möglich und spannend machen.

Krieg bestimmt das gesamte Leben von Simplicius und Sarat. Beide werden zu seinem Opfer, wobei die zeitliche Entwicklung die gesamte Bandbreite des Krieges offenbart. Dennoch sind es gerade die kindlichen Erfahrungen, die sowohl den autobiografischen Erzähler bei Grimmelshausen als auch den neutralen Erzähler in *American War* faszinieren und nie mehr loslassen. Die Erfahrung von Krieg trifft den kindlichen Simplicius unvorbereitet. Sarat Chestnut kennt ihn bereits und wirkt für den Leser daher von Beginn an nüchtern, fast schon professionell. Begriffe wie ‚Second American Civil War', ‚decade of death' oder ‚refugee camps' bestimmen ihren Alltag vom Beginn des Romans bis zu dessen Ende.

Sarat verliert – gleich Simplicius – ihre kindliche Unschuld an den Krieg. Beide werden zu Waisen bzw. Halbwaisen und versuchen im Krieg zu überleben. Dieser Versuch gelingt anfangs nur durch die Hilfe von erwachsenen Mentoren. Eine neue Heimat zu finden bleibt beider Ziel. Das Scheitern gegen Ende des Romans (Sarat) und das Arrangieren mit dem Krieg und seinen Folgen (Simplicius) weist sie dennoch als Opfer desselben aus.

Bei Grimmelshausen erlebt die kindliche Hauptfigur den Krieg zunächst surreal.

Simplicius kann den Überfall auf sein Dorf und das Töten, Plündern und Vergewaltigen nicht einordnen. Sein Trauma wird zunächst als Staunen und Unverständnis erklärt.

Diese Verbindung der ersten Konfrontation mit Krieg und dem Kindsein findet sich am Beginn von Grimmelshausens Werk. Die Beschreibung einer Gewaltorgie aus Plündern, Foltern, Vergewaltigen und Morden ist zwar aus der Position des alten Erzählers heraus geschrieben, sie wird aber zugleich aus der Perspektive des jungen Erzählers erlebt und staunend – weil nicht verständlich – kommentiert.

Das Trauma des Kriegs mit dem Verlust von Eltern und Heimat wird zunächst als „abscheuliche und ganz unerhörte Grausamkeiten in diesem userm teutschen Krieg" (S: 16) umschrieben, aber mit Hinweis und Einbeziehung des Lesers als Notwendigkeit Gottes zur Läuterung des Menschen angesehen, da „all solche Übel von der Güte des Allerhöchsten zu unserem Nutzen oft notwendig haben verhängt werden müssen" (S: 16). Dies ist ein Hinweis auf die Ansicht der damaligen Zeit, dass Naturkatastrophen oder Krieg als Strafe Gottes zu verstehen sind, auch weil der Mensch erkennen soll, dass er selbst eine „bestia" (S: 17) sei, ein Hinweis auf Hobbes spätere These ‚Homo homini lupus', der Mensch ist des Menschen Wolf.

Die detaillierte Beschreibung des Überfalls der Soldaten als Schlüsselerlebnis und Schicksalstag des Simplicius erstaunt den Leser, da er durch die kindliche Perspektive als unverständlich oder als Spiel verstanden wird. Auch wenn sie – wiederum aus der Perspektive des alten Erzählers – gleichzeitig als „Untergang" und „Verderben" (S: 17) kommentiert werden, sieht das Kind das Plündern und Töten der Tiere als Vorbereitung für ein „Banquet" (S: 17) an. Der Knecht wird gefoltert und mit dem „Schwedischen Trunk" (S: 17) traktiert, die Magd stundenlang vergewaltigt:

> „Da fing man erst an, die Steine [Zündsteine] von den Pistolen und hingegen an deren Statt die Bauren Daumen aufzuschraubn und die arme Schelmen so zu foltern, als wenn man hätt Hexen brennen wollen, maßen sie auch einen von den gefangenen Bauren bereits in Backofen steckten und mit Feuer hinter ihm her waren, man gesehen er noch nichts bekennt hatte. Einem anderen machten sie ein Seil um den Kopf und raitelten [drehten] es mit einem Bengel [Prügel] zusammen, daß ihm das Blut zu Mund, Nas und Ohren heraussprang. [...] Allein mein Knan war meinem damaligen Bedünken nach der glückseligste, weil er mit lachendem Munde bekennete, was andere mit Schmerzen und jämmerlicher Wehklag sagen

35

mußten; und solche Ehre widerfuhr ihm ohne Zweifel darum, weil er der Hausvater war; dann setzten sie ihn zu einem Feuer, banden ihm, daß er weder Händ noch Füß regen konnte, und rieben seine Fußsohlen mit angefeuchtetem Salz, welches ihm unser alte Geiß wieder ablecken und dadurch so kitzeln mußte, daß er vor Lachen hätte bersten mögen. [...] In solchem Gelächter bekannte er seine Schuldigkeit und öffnete den verborgenen Schatz, welches von Gold, Perlen und Kleinodien viel reicher war als man hinter Bauren hätte suchen mögen. Von den gefangenen Weibern, Mägden und Töchtern weiß ich sonderlich nichts zu sagen, weil man die Krieger nicht zusehen ließen, wie sie mit ihnen ungiengen. Das weiß ich noch wohl, daß man hin und wieder in den Winkeln erbärmlich schreien hörte; schätze wohl, daß es meiner Meuder und unserm Ursele nit besser gangen als den andern" (S: 18).

Mitten in diesem Horrorszenario sind es die Opfer selbst, die den jungen unbekannten Simplicius warnen:

„[...] in diesem Elend wandte ich Braten und war um nichts bekümmert, weil ich noch nit recht verstunde, wie dieses alles gemeinet wäre; ich half auch nachmittag die Pferde tränken, durch welches Mittel ich zu unsrer Magd in Stall kam, welche wundermerklich zerstrobelt aussah; ich kannte sie nicht, sie aber sprach zu mir mit kränklicher Stimm: ‚o Bub lauf weg, sonst werden dich die Reuter mitnehmen; guck, daß du davon kommst, du siehest wohl, wie es so übel ...' Mehrers konnte sie nicht sagen" (S: 18).

Hier warnt die Erwachsenenwelt die den Krieg schon kennt das noch unschuldige Kind. Dieses hat die Grausamkeit des Krieges somit noch nicht realisiert. Simplicius wird unerwartet und damit unvorbereitet mit Krieg konfrontiert. Den Überfall der schwedischen Soldaten auf den elterlichen Hof kann das Kind nicht verstehen. Es ist zu jung, zu naiv und unschuldig. Die Beschreibung der Vorgehensweise der Soldaten in Form von Brandschatzung, Raub, Plünderung, Folter, Vergewaltigung und Mord wird so beschrieben, als ob sie nicht real sei. Die Kinderperspektive auf den Krieg dominiert sogar das Surreale in der Erzählung. Das Kind – repräsentiert durch den jungen Erzähler – versteht nicht, was vor sich geht, und kann daher den Krieg weder verstehen noch ethisch beurteilen. Dies übernimmt der alte Erzähler. Er bringt neben dem ethischen Aspekt auch den religiösen ein und bindet den Krieg an die Gottesfrage.

Mit der Flucht des Knaben in den Wald verweist Grimmelshausen auf zwei symbolische Bedeutungen des Waldes in der Literatur. Der Wald hat, gerade in der Tradition der Märchen, eine tiefe Verwurzelung und er steht dort wie bei Grimmelshausen für das Bild der Gefahr, aber auch für den Schutz vor der Gefahr selbst. Grimmelshausen favorisiert die positive Seite, auch wenn er mit Umschreibungen wie „stockfinstere Nacht" (S: 19) diese andere Möglichkeit nicht ignoriert. Er bindet das Element des Waldes als Schutz vor dem Krieg an die Figur des Einsiedlers, der den Knaben aufnimmt und erzieht.[13] Dennoch ist und bleibt der Krieg in der Nähe des jungen Simplicius, da der Einsiedler selbst Soldat war und den Krieg daher bestens kennt. Grimmelshausen bereitet den Leser so auf weitere Konfrontationen mit Krieg vor. Er bindet diesen somit eng an die Entwicklung seiner Hauptperson. Die Naivität des Kindes überrascht den ehemaligen Soldaten so sehr, dass er es als seine Aufgabe ansieht, das Kind „um Gottes Willen besser zu unterrichten" (S: 24).

Die Nachfragen des Einsiedlers über die Ereignisse des Überfalls in Form eines Dialoges bieten eine Art vorläufiger Aufarbeitung (und Verdrängung) der kindlichen Erlebnisse, die durch die „Einfalt" und die „Unwissenheit" (S: 26) des Kindes relativiert werden.

Das Unterrichten von Lesen und Schreiben beginnt religiös und die erste biblische Figur, mit der der junge Simplicius konfrontiert wird, ist Hiob. Dies ist als weiterer Hinweis auf die Gottes- und Theodizee-Frage im Werk zu verstehen (S: 28).

Nach dem raschen Tod seines Mentors, eine Anspielung auf einen weiteren Vaterverlust, verbringt Simplicius weitere Zeit im Wald. Er bemerkt jedoch, dass sein Interesse an der Welt stärker ist als der Wunsch, als Einsiedler zu leben. Sein einziger Kontakt zur Außenwelt ist ein weiteres religiöses Element, ein Priester, den ihm der Einsiedler empfohlen hat. Dieser wird aber ebenfalls von Soldaten ermordet. Simplicius erlebt auch diesen Überfall mit Plünderung, Brandschatzung und Mord und muss erneut Töten aushalten sowie die Gegenwehr einer Bauernschar, die die Soldaten angreifen (S: 35; 36). Das Kind wird erneut dem Terror des Kriegs ausgesetzt und ist abermals allein, ohne Schutz durch die Erwachsenenwelt. Grimmelshausen erreicht hier eine weitere

---

[13] Der Einsiedel fungiert im *Simplicissimus* als positivste Figur. Er ist nicht nur Vater- und Familienersatz, sondern auch Mentor und Ratgeber für die Zukunft. Er entlässt den jungen Helden in die Welt mit den drei Geboten „know thyself, avoid bad company, and remain constant" (Menhennet, 2013: 360). Sarats Mentor Gaines dagegen missbraucht sie, indem er sie scheinheilig als Killerin in die Welt entlässt. Der Satz „I think, you'll make a place for yourself in this world" (AW 123) muss rückblickend als negatives Omen gedeutet werden, da das einzige Gebot für Sarat in dem Gebot ‚Kill the enemy!' liegt.

dramatische Auswirkung des Krieges auf die Zivilbevölkerung durch die kindliche Perspektive, die dieses Mal den Krieg relativ nüchtern und objektiv erlebt und beschreibt. Dies ist ein Hinweis auf den beginnenden Reifeprozess der Hauptperson.
Im Verlauf des Romans, gleichzusetzen mit dem Erwachsenwerden, wird die Distanz zum Krieg vom Autor zwar vergrößert, aber nie aufgegeben.
Simplicius bleibt eine Geisel des Krieges und seine Entführung durch kroatische Soldaten vor der Festung Hanau, sein Augenzeugenbericht der Belagerung Magdeburgs, die Schilderungen der Schlacht von Wittstock sowie seine militärische Teilnahme an Versuch, Breisach zu entsetzen, können als weitere literarische Beispiele für die Bedeutung der Schlüsselszene am Beginn des Romans gedeutet werden. Darunter fallen auch die Teile des Romans, die den verschiedenen Abenteuern in Frankreich, der Schweiz und dem Rheinland gewidmet sind, auch wenn Grimmelshausen die emotionale Nähe zum Krieg im Laufe der Entwicklung seiner Hauptperson lockert, d. h. er den Krieg objektive und distanziert betrachtet. Mit dem Übergang vom Jugendlichen zum Erwachsenen verblasst die Radikalität des Krieges, ein Hinweis auch auf die emotionale Verarbeitung durch die Hauptperson. Der Held wird mit immer weniger Brutalität konfrontiert. Soldatensein und militärisches Leben erscheinen durch den (objektiven) Gebrauch der Erwachsenenperspektive in einem immer positiveren Licht. Hierunter fällt auch die im Roman angelegte Sozialkritik an den Adligen und deren Umgang mit ihren Soldaten in Kapitel 15, indem die Kritik in Form eines Traumes angelegt ist.

Der Krieg verschwindet jedoch nie ganz aus dem Roman. Er bleibt der Hauptperson sein ganzes Leben lang verhaftet. Dies ist ein Hinweis auf die Intensität des kindlichen Traumas. Das biografische Element begleitet diese Entwicklung ebenfalls, stirbt doch der Autor 1676 im Kreise der Familie während des französischen Angriffs auf das Elsass unter Turenne.

Die kindliche Hauptperson des Romans *American War* wird ebenfalls von einem namenlosen Erzähler eingeführt. Auch er erzählt die Handlung rückblickend und distanziert. Erst gegen Ende des Romans erfährt der Leser, dass es sich um Benjamin Chestnut handelt, den Neffen der Hauptperson Sarah (Sarat) Chestnut.

Literarischer Mittelpunkt des Romans ist ein junges Mädchen, dessen Leben während eines weiteren amerikanischen Bürgerkrieges beschrieben wird. El Akkad benutzt – so wie

Grimmelshausen – einen Bürgerkrieg, um das Lokalkolorit in die Konstellation Krieg – Kind zu integrieren, um so die geografische Nähe als zusätzliches dramatisches Element bedienen zu können. Obwohl *American War* seiner Struktur nach eine Dystopie ist, enthält sie wie *Der abenteuerliche Simplicissimus Teutsch* Elemente einer *Coming of Age*-Geschichte sowie Elemente politischer Kritik, Kulturkritik an den USA und globale Umweltthemen.

Mit der Entscheidung, ein Kind in den Rahmen Krieg zu setzten, erhält der Schrecken des Krieges selbst ein Gesicht. Dies wird dadurch verstärkt, dass dieser Krieg nicht distanziert geschieht, sondern konkret (wie bei Grimmelshausen) ins Leben der Hauptperson eingreift. Im Gegensatz zu Grimmelshausen verlieren Krieg und Terror nie ihren festen Griff auf die Hauptperson, deren Existenz nicht nur von Kindheit an mit Krieg konfrontiert wird, sondern diesen nie zurücklässt. Die Atmosphäre des Krieges verlässt den Roman nie. Dementsprechend düster wirken die Worte des Prologs: „This isn't a story about war. It's about ruin" (AW: 7).

Bereits hier wird – wie bei Grimmelshausen gegen Ende des Romans – deutlich, dass Kriege nie einen Gewinner produzieren, sondern alle Beteiligten nur Verlierer sind.

El Akkad untermauert dies durch immer wiederkehrende Begriffe wie „rebellion", „refugees", „the history of war" (AW: 3); „the Second American Civil War" oder „decade of death" (AW: 4). So wird eine Erzählplattform erschaffen, welche die Hauptperson nie verlässt.

Die literarische Entscheidung, die kindliche Hauptperson als „disorientated war orphan" (AW: 5) zu entwickeln, verschärft die Entscheidung Soldat zu werden und lässt die Hauptperson trotz ähnlicher Ausgangsbedingungen hilfloser als den jungen Simplicius erscheinen.

Dazu zählt auch die geografische Entscheidung, den amerikanischen Süden als größten Handlungsort auszuwählen, zumal der Süden Amerikas der historische Verlierer des Amerikanischen Bürgerkrieges ist. Die Staaten Alabama, Georgia, South Carolina und Mississippi werden als seine kleineren Mikrokosmen benutzt.

El Akkad entwickelt in dieser Konstellation das Leben seiner kindlichen Hauptperson.

Sarat hat – im Gegensatz zu Simplicius – keine schöne Jugend. Ihr Leben besteht aus „millions of coastal refugees" (AW: 18), „borders" (AW: 22; 25), „terrorists" und „plagues" (AW: 23), „battles" (AW: 26), „little boys with guns" (AW: 39), „slaughters" (AW: 49), „soldiers", „destitute families" und „refugees" (AW: 57, 58, 59).
Sarat kennt nichts anderes als Krieg und sie wächst in ihr persönliches Trauma hinein, was sie lapidar mit dem Satz kommentiert „There's just the war. The war has say" (AW: 59).
Die familiäre Situation durch den Verlust des Vaters, das Leben in Flüchtlingslagern und ihr religiöses Außenseiterdasein als Katholikin verstärken die literarische Isolation Sarats und macht sie zu leichter Beute für die Erwachsenenwelt.
Im Gegensatz zu Grimmelshausen nutzt El Akkad einen Mentor, der das Kind missbraucht und zur Terroristin ausbildet.

Der Dualismus der Kriegsparteien (*Reds and Blues*) wird durch die Tatsache verschärft, dass ein kleines Mädchen als Hauptperson der Erzählung fungiert. Sie kommentiert die Fatalität des Krieges und den Verlust der Heimat kalt, wenn sie sagt: „What was safety, anyway, but the sound of bombing falling on someone else's home?" (AW: 124).
Das Waisenkind ohne Heimat und elterlichen Schutz wird somit leichte Beute des Krieges, ohne Aussicht auf Verbesserung seiner Situation.
Sarat bleibt Gefangene des Krieges („trapped", AW: 176). Sie ist an ihn gebunden („bound", AW: 176).

Im Gegenteil, im Laufe des Romans verstärkt sich das Bild des Krieges durch die Konzeption des Feindes und Sarats Mord an General Joseph Weiland (AW: 192) wird vom Erzähler lapidar mit den Worten kommentiert: „For Sarat Chestnut, the calculus was simple: the enemy had mutilated her people, and for that she would mutilate the enemy" (AW: 204).

Der Verlust ihrer Freiheit durch sieben Jahre Einzelhaft verhindert eine Veränderung zum Guten. Sarat bleibt – so wie Simplicius – eine Pilgerin, die ihren Weg sucht. Aber El Akkad beschreibt sie als „weary pilgrim" (AW: 314), ein Hinweis auf ihr Scheitern. Dies zeigt auch das Ende des Romans, als Sarat erneut zur Täterin wird, als biologische Selbstmordattentäterin.

El Akkads Hauptperson bleibt in den Krieg verstrickt. Das macht sie dramatisch und zeigt ihr Scheitern. El Akkad verwendet die Konstellation Krieg, Leid und Terror, um Kinder als Untergangsfiguren des Krieges zu zeichnen. Das stetige Heranzoomen des Krieges im Roman verhindert so eine Analyse und Kommentierung des Krieges selbst, was aber der literarischen Entscheidung der düsteren Dystopie unterliegt. El Akkad ist in seiner Hauptperson auf die Verschreckung der Thematik Krieg fixiert. Für ihn gibt es keine positive Zukunft wie für Grimmelshausen. Das ist auch nicht gewollt, bleibt doch Sarat von Beginn an eine Untergangsfigur, die eine Versöhnung mit dem Krieg und eine individuelle Stabilisierung nicht beabsichtigt.

Grimmelshausen hinterlässt – obwohl er gleichsam politisch denkt und kritisiert – keinerlei Doktrin in seinem Werk. Auch findet sich „keine Spur von Fundamentalismus im Religiösen, Politischem, Sozialen", (Boehncke / Sarkowicz, 2011: 486). Er steigt jedoch in die Abgründe, in die Hölle der Menschheit, hinab, die sich im Krieg findet. Der Krieg und sein Horror werden im Namen von Religion und Ideologie geführt und diese literarische Verdichtung findet sich in beiden der hier analysierten Werke.

Grimmelshausen war gläubiger Christ und ein politisch denkender und handelnder Zeitgenosse, aber er war auch Schriftsteller mit der Tendenz zur sozialen Phantasie.[14]

El Akkad negiert zwar das Religiöse nicht vollständig, betont es aber auch nicht so stringent wie Grimmelshausen, wohl aber die anderen soeben erwähnten Aspekte. Grimmelshausen seinerseits kritisiert die gesellschaftlichen Umstände seiner Zeit massiv. Er will eine Welt zeigen, wie sie wirklich ist, nämlich falsch und heuchlerisch. Sie ist für ihn „falsch nämlich, mit einer blendenden Außenseite, hinter der sich Lug und Trug verbirgt" (Aylett, 1982: 27) und die – wie bei El Akkad – vom Krieg beherrscht wird.

Weitere wichtige Parallelen beider Romane lassen sich stilistisch festmachen. Beide Autoren arbeiten mit einem festen Raum als Erzählelement. El Akkad fixiert – so wie Grimmelshausen – seine kindliche Hauptperson in enge Räume: den Süden Amerikas oder später ein Inselgefängnis. Ziel ist eine Verdichtung der Charakterentwicklung im Krieg mit dem geografischen Raum, der einer radikalen Auslotung des Raumes als Erzählelement

---

[14] Beide Romane zeigen Jugendliche im Krieg. In El Akkads Roman werden sie missbraucht, bei Grimmelshausen hingegen müssen sie beschützt werden, da sie „unbesonnen" (Menhennet, 2013: 365) sind.

gleichkommt. Bei Grimmelshausen ist dies für den jungen Simplicius der Bauernhof, der Raum Gelnhausen oder die Städte Büdingen und Hanau, später dann der Mummelsee oder der Mooskopf.[15]

VII. DER ERINNERUNGSROMAN ODER 'FICTIONS OF MEMORY' – IHRE LITERARISCHEN ANSÄTZE UND CHARAKTERISTIKA

Die letzten dreißig bis vierzig Jahre sind in den Kulturwissenschaften durch eine gesteigerte Aufmerksamkeit am Thema Erinnerung gekennzeichnet.[16] Schwerpunkt dieses Interesses ist dabei die aktive Rolle der sich erinnernden Person in der Gegenwart. Dies überrascht nicht, da die stilistische Verwendung der Erinnerung eine prägende Voraussetzung für die umfassende Charakterisierung einer Person darstellt und in der modernen Psychologie ihre Wurzeln hat. Erinnerung ist streng genommen eine Rekonstruktion von Vergangenem auf der Grundlage des gegenwärtigen Wissensstandes und der momentanen Gefühlslage einer Person. Sie ist gleichzeitig eine, wenn nicht die, Säule unserer Identitätsbildung und übt einen enormen Einfluss auf unser Leben aus. Schachter (1996) hat ihre Funktion so ausgedrückt:

„[E]ven though memory can be highly exclusive in some situation and dead wrong in others, it still forms the foundation for our most strongly held beliefs about ourselves" (ebd., S. 7).

Die tragende Bedeutung des Verhältnisses von Identität und Erinnerung zieht logischerweise eine Vielzahl von Autoren an und findet eine mannigfaltige Umsetzung im modernen Roman. Die Bezeichnung *fictions of memory* kann, wie Neumann (2005) feststellt, „als übergreifender Gattungsbegriff zur Bezeichnung von Romanen" verwendet werden, „die die konstitutive Interdependenz von Erinnerungen und Identitäten – sei es in

---

[15] Grimmelshausen arbeitet neben dem Erzählelement Raum auch mit dem Faktor Zeit. Er war seiner Zeit weit voraus und benutzt einen abstrakten Ansatz von Zeit „to be found in Thomas Mann's *Der Zauberberg*" (Aylett, 1982: 8)

[16] Dieser „lieux de memoire" (Nora, 1989, S. 7) betrifft die farbige und islamische Autorengruppe des gegenwärtigen englischen Romans (vgl. Rupp, 2010, S. 53).

der individuellen oder der kollektiven Dimension – inszenieren" (ibid.:. 8).[17]

Die Romane, die als *fictions of memory* das gesellschaftliche Interesse an Erinnerung literarisieren, weisen ein breites Spektrum von Formen und Funktionen auf und können in zwei Gruppen aufgeteilt werden, den Erinnerungsroman und den Gedächtnisroman. Erinnerungsromane fokussieren ihren Schwerpunkt auf das Erinnern als Prozess. Gedächtnisromane beschäftigen sich mehr mit dem Produkt der Erinnerung. Zusätzlich kann die Erinnerung aus der Perspektive einer einzelnen Person oder einer Gruppe erfolgen (vgl. ibid.: 208–210).

Ein besonderes Charakteristikum der *fictions of memory* ist die mitunter strikte Verwendung der Ich-Erzählung. Sie konfrontiert den Leser nur mit einem *point of view*, was eine gewisse Objektivität vermissen lässt. Dies wird aber durch die Bedeutung der Charakteranalyse aufgefangen. Die grundsätzliche Frage, was als wahr oder falsch gelten muss, ist unmittelbar an die Identitätsfindung gekoppelt, da die Frage nach der Wahrheit der erzählten Erinnerung Kernpunkt der Identität ist. Obwohl der moderne Erinnerungsroman eine Schlüsselstellung im zeitgenössischen Roman einnimmt, liegt sein Ausgangspunkt in der fiktionalen Biografie des 19. Jahrhunderts, da ein Werk wie Lawrence Sternes *Tristram Shandy* (1760) durchaus bereits Elemente des Erinnerungsromans enthält. Sterne verschiebt nicht nur die Zeitebenen beliebig, sondern räumt auch der Erinnerung einen zentralen Platz ein und subsumiert sie unter dem Schlagwort sentimental (Seeber, 1999, S. 189).

Doch war es Charles Dickens, der mit seinem Roman *The Personal History of David Copperfield* (1849 / 1850) die fiktionale Biografie einleitet. Über dieses Werk sagt Seeber (1999, S. 256):

> „Die Suche des Ich nach Stabilität und Selbstvergewisserung in einer von Trennungsschocks geschüttelten Zeit erklärt darüber hinaus die auffällige

---

[17] Die literarische Entscheidung, einen Erzähler zu benutzen, der rückblickend agiert, muss zunächst als autobiografisches Element verstanden werden, nicht im Sinne von Authentizität, sondern vielmehr als eine Art „exemplarische Verdichtung, satirisch-ironische Verkehrung und dramatische Anschaulichkeit" (Meid, 2018: 454). Im Zusammenhang mit der Thematik Krieg – Kind – Trauma ist dies ein wichtiger Hinweis, da nicht nur die Zeitebenen (Vergangenheit und Gegenwart), sondern auch die Thematik Krieg durch den Erzähler eine radikale Konfrontation erfährt. Diese Radikalität setzt bereits zu Beginn des Romans ein, wenn Kritiker wie Breuer (1999) von einem Hintergrund durch Krieg reden, der „diese unsere Zeit" (ibid.: 31) prägt.

Hinwendung zur Autobiographie" (ibid.: 456).

Dickens gelingt im Wechselspiel von erzählendem und erinnerndem Ich eine Vermittlung der Vergangenheit von der Gegenwart aus. Diesen Brückenschlag leistet er durch einen Erzähler, der die Vergangenheit von einer stabilen Gegenwartsposition her betrachtet, ein Fundament, das viele neuere Erinnerungsromane nicht kennzeichnet. Diese feste Trennung von Vergangenheit und Gegenwart wird in den meisten Romanen der Moderne, die das Thema *memory* zentral platzieren, eher als Verbindung von Gegenwart und Vergangenheit inszeniert. Erinnern wird hier verstanden als eine permanente Durchdringung der Gegenwart durch die Vergangenheit (Nadj 2006). Als klassische Beispiele dieses Ansatzes gelten *Ulysses* (1922) von James Joyce und Virginia Woolfs Roman *Mrs Dalloway* (1925). Beiden Autoren gelingt eine Skizzierung der Innenwelt und des subjektiven Empfindens ihrer Hauptpersonen durch die Verwobenheit von Gegenwart und Vergangenheit.

Heute kann von einer weiteren wichtigen Entwicklung des gegenwärtigen englischsprachigen Romans gesprochen werden, da die narrative Überlappung der Vergangenheit, also die Präsentation der eigenen Lebensgeschichte, oft in den Mittelpunkt der Erzählung rückt. Nünning (1998) spricht in diesem Zusammenhang von der „Rückkehr zum Erzählen" und der Bedeutung der narrativen Sinnstiftung durch den Ich-Erzähler (ibid.: 160).

Als weitere literarische Beispiele dieser Entwicklung gelten Penelope Livelys' *The Road to Lichfield* (1977), *The Remains of the Day* (1989) von Kazuo Ishiguro, *Spies: A Novel* (2002) von Michael Frayn sowie der Roman *The Reluctant Fundamentalist* (2007) von Mohsin Hamid.

Da die Erinnerung der Hauptperson eine Schlüsselstellung der Erzählung einnimmt und die Ich-Erzählung dominiert, erfüllen beide Werke die zentrale Voraussetzung einer *fiction of memory*. Sie gehören somit zu den Werken, die als quasi-autobiografische Ich-Romane oder „fiktionale Autobiografien bezeichnet werden" (Löschnigg, 2006: 3).

Nünning (2007) formuliert im Zusammenhang mit der Entwicklung des englischsprachigen Romans über *fictions of memory* und deren Bedeutung für die

Entwicklung des gegenwärtigen englischsprachigen Romans folgendes:

„Daneben haben sich jedoch andere Formen der Auseinandersetzung mit der Geschichte entwickelt, die nunmehr den Prozess der Erinnerung und der Verschränkung des gegenwärtigen Erlebens mit dem Erinnerten noch genauer ausloten und stärker in den Vordergrund rücken" (ibid.: 7).

Gemeint sind fiktionale Biografien, in denen die Erinnerung die fiktive Gegenwart überschattet. Wichtig ist hier nicht die Bedeutung einer wahren Geschichte, sondern das, was Salman Rushdie immer wieder als the ‚memory's truth' bezeichnet: eine Erinnerung, die Sinn und Identität in der eigenen Geschichte verortet. Diesem Anspruch genügen beide Werke, da beide an dieser Verortung interessiert sind. Sie arbeiten mit Erinnerung als einem zentralen Erzählelement. Sie tun dies nicht nur durch die starke Präsenz ihrer Erzähler, sondern auch durch ihre Verarbeitung durch die Hauptpersonen. Dadurch verknüpfen Grimmelshausen und El Akkad das Heute und das Damals und ihre Hauptfiguren reflektieren das Jetzt mit dem Damals, das so ganz anders war. So flottiert die Erinnerung durch Gegenwart und Zukunft. Die Türen, die beide Autoren damit öffnen, führen auch ins Reich der Gleichzeitigkeit von Wissen, Erlebtem, Erlesenem, Dramatischem und Traumatischem - kurzum ins Reich einer Fiktion, die aus der Erinnerung gemacht ist.

VIII. ZUSAMMENFASSUNG

Der Versuch einer literarischen Annäherung zweier völlig unterschiedlicher Romantypen, die zudem noch eine zeitliche Distanz von mehreren hundert Jahren trennt, scheint zunächst sehr schwierig und sie muss deshalb auf Schnittstellen beider Werke verweisen und diese in den Mittelpunkt der Analyse stellen. Diese liegen zum einen im literarischen Hintergrund beider Werke, der vom Krieg dominiert wird. Bei Grimmelshausen ist dies der Dreißigjährige Krieg, bei El Akkad das (historische) Wissen des Lesers um den Amerikanischen Bürgerkrieg, sowie die (zukünftige) Möglichkeit eines weiteren Krieges auf amerikanischem Boden.

Ein weiteres wichtiges Anliegen des hier dargestellten Vergleiches der beiden Romane *Simplicissimus* von Grimmelshausen und *American War* von El Akkad liegt im Vergleich stilistischer und inhaltlicher Themenbereiche der Thematik Krieg und Kind.

Hier finden sich zahlreiche Parallelen im stilistischen wie inhaltlichen Bereich.

Beide Autoren benutzen einen auktorialen Erzähler, der den Roman vom Ende her erzählt. Grimmelshausen arbeitet subjektiv, da sein Erzähler sowohl Erzähler als auch Hauptperson ist. Dadurch verbindet er objektive mit subjektiver Erzählweise. Dies verstärkt er noch durch den Einbau zweier weiterer wichtiger Personen, der Landstözerin und Springinsfeld, die zusätzliche Perspektiven zum Thema Krieg einbringen. Dieser Wechsel zwischen persönlicher und distanzierter Erzählweise ist sehr überzeugend und von entscheidender Bedeutung für das Verständnis des Romans. Hillenbrand (2016) führt dazu aus:

> „Diese Unterscheidung des Ich-Erzählers und fiktionalen Autors seiner Autobiographie von sich selbst als dem Helden seiner Geschichte ist grundlegend für jedes Grimmelshausen Verständnis." (ibid.: 8)

Dieser Rückblick prägt die autobiografische Erzählweise. Sie ist ebenfalls dadurch gekennzeichnet, dass die distanzierte Sicht des Helden immer mit der des jüngeren Helden alterniert, was eine wechselnde Perspektive von Krieg ermöglicht. Der *Simplicissimus* ist wie Kehlmanns *Tyll* (2017) auch ein satirischer Roman, lehrhaft, unterhaltsam und moraldidaktisch. Seine Basis findet sich in der Literatur des Altertums. Hier musste Literatur einen Nutzen haben und erfreuen. Grimmelshausen ist jedoch Kind seiner literarischen Zeit und sein Roman enthält auch eine moralische Belehrung. Er verteufelt den Krieg und nennt ihn in seinem Traktat *Satjrischer Pilgram* ein 'Monstrum'. Kurzum,

Grimmelshausen analysiert und kommentiert den Krieg, er sieht ihn aber auch als Reifeprozess und als Produkt von Fortuna. Er tut dies zunächst durch die Augen des Kindes, das den Krieg surreal erlebt. Mord und Vergewaltigung werden damit nicht ethisch beurteilt. Letztlich versöhnt er sich mit dem Krieg und stabilisiert so sein Leben.

Im Gegensatz zu Grimmelshausens *Simplicissimus* wirkt der Erzähler von *American War* rational und nüchtern, was eine gewisse Objektivität im Roman beinhaltet, aber auch eine bewusst in Kauf genommene Distanz zum Leser mit sich bringt. Nüchtern, sachlich, ja fast emotionslos wird die Hauptperson von Anfang bis Ende des Romans begleitet und die Charakterisierung Sarats als 'weary pilgrim' unterstützt diesen fast melancholischen Ansatz. Obwohl der Begriff des Pilgers tief in der mittelalterlichen Literatur verankert ist und einen religiösen Unterbau hat, wird er hier mit Krieg, Soldatsein, Vernichtung und Tod assoziiert, auch weil Sarat Produkt des Krieges ist und sein Opfer wird. Sarat ist - im Gegensatz zum Simplicissimus - eine Untergangsfigur und ihr (bewusst offen gehaltenes) Ende verdeutlicht dies.

Die jahrelangen Kämpfe an der Front werden mit ihren inneren emotionalen Schlachten gekoppelt. Diese Verbindung zwischen mentalem und körperlichem Trauma wird durch das Fehlen jeglicher Besserung verschärft. Innerer und äußerer Frieden sind so unmöglich. Damit wird Sarat zu einer Figur, die losgelöst ist von jeglichem Optimismus, und selbst ihr Neffe Benjamin (hebr. der Kleine, der junge Mann) hat keine Zukunft im Leben. Er verbleibt auf der Schwelle, nur ein Überlebender des Krieges zu sein. Amerika und der Rest der Welt mutieren zum Niemandsland, in dem das Chaos regiert und nicht Frieden. Stilistisch forciert dies El Akkad durch eine Fixierung auf die Verschreckung der Erzählung, in der das Grauen des Krieges immer präsent ist. Sarats Weltbild ist düster und El Akkad verschärft dies durch ein permanentes Heranzoomen des Krieges, der die Handlung nie verlässt und seine Figuren bestimmt. Hierin unterscheidet er sich von Grimmelshausen. Dieser sieht auch das Positive im Leid und in der Not, die der Krieg mit sich bringt und seine Hauptperson hat eine Zukunft und er weiß um sie. Nicht nur deshalb ist Sarat die tragischere der beiden Figuren. Dennoch - und das verbindet beide Werke - sind sie Mahner für ein friedvolles Leben des Menschen mit anderen und ein Appell, für Frieden und nicht für Krieg zu kämpfen. Beide Romane benutzen einen (oder mehrere)

Erzähler, die die Handlung mit ihrer Erinnerung nicht nur begleiten oder kommentieren, sondern neben dem autorialen Erzählverhalten auch die Ich- Perspektive des Kindes nutzen, um von hier aus Krieg zu thematisieren. Hierin liegt eine wichtige Gemeinsamkeit beider Autoren, da die kindliche Perspektive auf Krieg und die sich daraus ableitende Reflektion desselben nach wie vor als literarische Ausnahme angesehen werden muss. Ein weiteres verbindendes Erzählelement ist die Teilnahme des Kindes am Krieg, zunächst passiv, dann aktiv. Interessant ist hierbei, dass El Akkad zwar eine weibliche Hauptperson auswählt, diese aber sehr maskulin präsentiert, ein Hinweis auf die (vermeintliche) Männlichkeit im Krieg. Es ist der Krieg selbst, der beide Kinder prägt und sie begleitet, auch wenn er, wie im Fall von Grimmelshausen, plötzlich und unerwartet kommt und nicht mehr, wie im Fall von El Akkad, immer da war und immer da sein wird.

Der Unterschied der literarischen Reflektion von Krieg, hier persönlich, da objektiv, wird von der Erzählstrategie beherrscht. Grimmelshausen benutzt strenggenommen drei Erzähler, sich selbst, den jungen sowie den alten Simplicissimus. Damit gelingt ihm eine Facettenhaftigkeit von Krieg, die dem Leser mehrere Perspektiven ermöglicht. Dies wirkt überzeugend und emotional, etwas was El Akkad nicht intendiert. Er bevorzugt die neutrale Beobachtung des auktorialen Erzählers und lässt nur selten eine emotionale Nähe der Hauptperson zu.

Die Totalität der Kriege in beiden Romanen erschüttert die Lebenswege beider Kinder; obwohl die Hauptperson von *American War* - im Gegensatz zum Simplicius - nicht religiös ist, stellen beide vor dem Verfall ihrer kleinbürgerlichen Gesellschaften in ein Volk von Zerlumpten und Bettlern die existentielle Aussage Goethes im Faust, der sagt „Du hast's verdient, es geht dir grimmig schlecht. Und jeder Einzelne wird empfinden müssen, dass er ins Leere klagt", ein Hinweis auf die so verschiedene individuelle Bewältigung des Traumas Krieg. Hier ist Grimmelshausen positiver als El Akkad, er sieht eine Zukunft seiner Hauptperson, El Akkad verneint diese. Beide sind jedoch Kinder ihrer Zeit. Für Grimmelshausen gibt es noch einen Gott, der alles rechtfertigt, für El Akkad hat er aufgehört zu existieren. Grimmelshausens Aussagen zum Krieg sind eng an seine eigenen Erfahrungen gekoppelt und an die Frage „nach dem rechten Christentum" (Hillenbrand, 2016: 65) geknüpft, sie ist also zutiefst christlich geprägt.

Grimmelshausen bindet die Kriegsfrage an die Gottes- oder Theodizee-Frage, denn „Gott der Erreger allen Lebendigen, ist auch der Leiter des Bösen" (Fuchs, 1935: 68). Gott sucht die Menschheit mit Krieg heim, denn „Der Krieg ist die größte Strafe und ärgste Heimsuchung, die Gott dem Menschen schicken kann" (ibid.: 59). Dennoch wird in beiden Werken Krieg als persönliche Katastrophe dargestellt und damit reflektieren beide das Böse, das Abgründige im Menschen. Krieg wird so neben Schuld, Leid oder Gier gestellt und als eine Grundstruktur von Menschsein angesehen.

In beiden Werken sind Kinder dem Krieg ausgeliefert, die Erwachsenenwelt versagt ihnen Schutz und missbraucht sie.[18] Beide Romane stellen diese Totalität des Ausgeliefertseins in die kindliche Perspektive und verweisen so auf die Anfälligkeit des Menschen in diesem Szenario. Die meisten Menschen - und so auch fiktive Personen - sind in der Lage, lebensbedrohliche Ereignisse wie Unglück, Überfall oder Vergewaltigung nach einer gewissen Zeit zu verarbeiten. Sie tun dies auf zweierlei Art und Weise, indem sie sich gegen die Erinnerung abschotten, indem sie sich permanent damit beschäftigen oder darüber reden. Sarat Chestnut zieht die erste Variante vor, Simplicius die zweite. Beide befinden sich trotz dieser unterschiedlichen Vorgehensweise dennoch in einem emotionalen Feld, das Heinrich Böll unter dem Titel *Niemands Land. Kindheitserinnerungen an die Jahre 1945-49* (1985) treffend skizziert hat.

Grimmelshausen benutzt die kindliche Perspektive, um mit seinem Schicksal Frieden zu schließen, El Akkad tut dies nicht, er verweist auf die Unfähigkeit des Menschen aus Fehlern zu lernen. Hier ist Grimmelshausen positiver, für ihn können Kinder zwar Opfer von Krieg, Leid und Terror werden, doch sie haben die Möglichkeit auf eine Zukunft. Grimmelshausen arbeitet insgesamt seine eigene Lebensgeschichte auf. Er wird damit zu einer Art literarischem Pionier der Traumaforschung, die dieses positive Element der Verarbeitung durchaus sieht. Sarat Chestnut bleibt im Krieg verstrickt, ihre persönliche Verarbeitung des totalen Krieges und des Terrors kann nur als ansatzweise

---

[18] Zum Begriff ‚Verkehrte Welt' vgl. Menhennet, 2013: 364.

kompensatorisch angesehen werden, da sie sich nicht mit Krieg auseinandersetzt. Sie führt ihn radikal weiter, bis zu ihrem persönlichen Untergang.

Der vorliegende Vergleich zweier Romane aus unterschiedlichen Epochen und verschiedenen Sprach- und Kulturräumen wurde durch den Vergleich der Thematik Krieg und Kinder in der Literatur bestimmt. Es ist genau diese Thematik, die zeigt, dass der Roman immer eine radikal kulturelle Macht war und ist. Daneben zeigt der Roman als Genre, dass er immer auch daran interessiert ist, den Leser für die Erfahrungen anderer Menschen oder Lebensstile (real oder fiktiv) zu öffnen. Dies geschieht u.a. durch das Eintauchen, die Akzeptanz oder die Übernahme einer anderen Perspektive. Kurzum, wer die Welt durch die Augen eines anderen Menschen sieht, erschafft sich ein anderes Ich.

Die Zunahme verschiedener unterschiedlicher Perspektiven hat sowohl den gegenwärtigen deutsch- wie den gegenwärtigen englischsprachigen Roman verändert. Für beide literarischen Romanformen gilt deshalb, was Childs (2005) in diesem Zusammenhang feststellt:

> „As a consequence, critical perspectives have changed, focussing less on formal and spiritual aspects and more on issues of ethnicity and sexuality, gender and the body and memory'" (ibid.: 275).

Dies änderte sich auch im Zusammenhang mit den Ereignissen des 11. September 2001 zunächst nicht, da diese Ereignisse zwar durch Autoren wie Martin Amis oder Salman Rushdie aufgegriffen und kommentiert wurden, aber erst der Romantyp der '9/11 Novel', 'Ground Zero Fiction' und die 'Post–9/11 Novel' hier auf das zugriffen, was den Roman lange Zeit ausmachte, nämlich das auszusprechen, was geschehen ist.

Vor diesem Hintergrund sind beide Werke in ihrem literarischen Umfeld Pionierwerke, da sie nicht nur ein zentrales Anliegen wie Krieg reflektieren, sondern eine humanistische Vision des Lebens geben oder diese nicht ganz ignorieren. Es ist dieses Anliegen, was dazu beiträgt, neue Ansätze von Identität in einer gegenwärtigen und zukünftigen Welt zu liefern sowie ein Verständnis für geschichtliche Ereignisse und deren Einfluss auf den Menschen. Gerade autobiografische und satirisch angelegte Romane wie der *Simplicissimus* und dystopisch strukturierte Werke wie *American War* zeigen, dass die Vergangenheit einen fruchtbaren Boden dafür gelegt hat, dem Leser Zugang zu einer Zeit und einer Gesellschaft zu ermöglichen, von der er nur wenig wusste, ohne dabei direkt auf seine gegenwärtig pluralistisch gefärbte Kultur zurückgreifen zu müssen. Dennoch ist es immer auch das politische Element in beiden Werken, das als verbindend angesehen werden kann, da es Themen wie Heimat, Entwurzelung, Diaspora, Trauma, Krieg und Terror beinhaltet.

Die Forschung geht davon aus, dass Grimmelshausens Gesamtwerk durchaus politische Ansätze zeigt. So analysiert er u.a. in der Auseinandersetzung mit Machiavelli die Vereinbarkeit von Politik, Ökonomie und Moral und diskutiert Ideen zur Staatsräson. Kurzum, er reflektiert in seinen Schriften durchaus die politischen Vorstellungen seiner Zeit, wenn auch nicht in der Radikalität von *American War*.

Eine weitere zentralen Frage, die sich aus dem literarischen und inhaltlichen Vergleich der hier untersuchten Romane ergibt, liegt in der Reflexion der Fragestellung, inwieweit beiden Hauptpersonen im Kontakt mit den sie umgebenden kriegerischen Auseinandersetzungen ein Subjekt-, bzw. ein Objektcharakter zuerkannt wird. Daran schließt sich die Frage an, welche Erzähl- und Gattungsmuster von den Texten selbst abgerufen werden, sowie die kritische Reflexion, inwieweit Krieg für Kinder und Jugendliche als Initiationserlebnis für Abenteuer dienen kann oder für den adoleszenten Protagonisten als zentrales Desillusionserlebnis seines Lebens fungiert. Die Frage, wie das Geschlechterverhältnis im Kontext von Kriegsdarstellungen inszeniert wird, spielt ebenfalls eine wichtige Rolle, da die Auswirkungen das klassische Rollenverhältnis dann verändern können, wenn Frauen - wie im Falle von Sarat - als Soldatinnen und Terroristinnen agieren. Simplicissimus und Sarat sind nicht nur Waisenkinder und traumatisierte Kinder ihrer Kriege, sondern auch (missbrauchte) Soldaten. Ihre Entwicklung verweist aber auch auf ein weiteres, traditionelles Bild in der Literatur, das der Identitätssuche. Sie sind auf der Suche nach sich selbst und ihr Leben ist ein Weg, der nicht gerade verläuft und teilweise gebrochen wird. Ihr Versuch, ihre Identität immer wieder neu zu gestalten, wird bei beiden durch das bezeichnet, was als „displacement" und „transformation" (Connor, 1996: 124) beschrieben werden kann.

Die vorgelegten Ausführungen haben ebenfalls deutlich gemacht, dass das Thema Krieg ein konstanter Begleiter des englischen Romans in Vergangenheit und Gegenwart war /

ist.

Die Neuerung, Krieg und Trauma literarisch zu koppeln, entstand aus dem Versuch, Psychologie und Literatur (neu) zu verbinden, wodurch aber neue Möglichkeiten entstanden.

Rebecca West etwa führt Krieg und Trauma in die Zivilgesellschaft ein und verweist darauf, dass Krieg keine Domäne der Männer bleiben kann, auch weil körperliche wie seelische Wunden alle Bereiche der Gesellschaft tangieren. Kurt Vonnegut greift diesen Ansatz insofern auf, weil er den Soldaten als Antihelden und als potentielles Opfer von Politik beschreibt und die soldatische wie zivile Ebene betont. Anna Perera verbindet beide Richtungen und erweitert sie insofern, dass sie die Opferrolle des Soldaten und der Zivilgesellschaft auf die Ebene der Kinder und Jugendlichen verlagert. Damit aktualisiert sie einen alten literarischen Ansatz, der sich in Thomas Nashes *Unfortunate Traveller,* aber vor allem in Grimmelshausen *Simplicissimus* findet, ein Werk, das vor diesem Hintergrund auch ein beachtliches Echo im englischsprachigen Raum fand und diese außergewöhnliche Stellung bis heute behalten hat.

Die neuere Entwicklung macht mehr als deutlich, dass die Thematik Krieg weiterhin einen wichtigen Platz im englischsprachigen Roman einnehmen wird. Werke wie Joseph Kanons Roman *The Good German* (2001), Peter Ho Davies *The Welsh Girl* (2005), Justin Cartwrights Roman *The Song Before It Is Sung* (2007), A.L. Kennedys *Day* (2007) oder Richard Bauschs *Peace* (2008) verdeutlichen dies.

Diese Entwicklung verweist einerseits auf den 2. Weltkrieg als historischen Hintergrund anderseits auf die Gefahr, Krieg (politisch) als Option zu realisieren. Neu ist die in diesen Werken angesprochene Gefahr, Tod und Sterben als gemeinsame Erfahrung von Zivilisten wie Soldaten zu beschreiben.

Daneben gilt es festzuhalten, dass der gegenwärtige englische Roman (und das gilt auch und besonders für Autoren / Autorinnen mit islamischem Hintergrund) Krieg als Resultat von Machtpolitik zu beschreiben, wobei Zivilisten gleich welcher Nationalität banal als Verluste abgeschrieben werden. Die militärische Verwendung des Begriffes Verlust zeigt, dass die modernen Kriege in Syrien, Afghanistan oder Irak über keinerlei klare Feindbilder mehr verfügen, eine Neuerung, die sich im Westen auch in der Konzeption eines Krieges gegen den Terror oder eines Krieges gegen den Islam findet. Deutlich wird hierbei eine Instrumentalisierung von Krieg durch politische Gruppen, die ihre Minderheitsposition dafür benutzen, ihre egoistischen Interessen durchzusetzen. Dies ist zwar in der Vergangenheit oft der Fall gewesen, doch erweist sich diese Tatsache in Zeiten einer Globalisierung radikaler und gefährlicher als in vergangenen Zeiten.

Prinzipiell kann man feststellen, dass die englischsprachige Literatur der letzten einhundert Jahre zunehmend von Krieg und Trauma begleitet wird, diese Thematik aber verschieden akzentuiert wird, was in der Regel dem Zeitgeist und dem jeweiligen Umgang mit der Kriegsthematik entspricht. Die Neuakzentuierung von Krieg durch die Psychologie und deren Ansatz von Trauma sowie dessen literarische Verarbeitung bedeutet eine Intensivierung des individuellen Ansatzes und ein Wegfallen der historischen Glorifizierung des Krieges.

Die literarische Bedeutung von Krieg und Trauma darf insgesamt nicht darüber hinwegtäuschen, dass diese Thematik immer bestimmten Konditionen unterliegt, die politisch, philosophisch oder religiös geprägt sind.[19]

Rebecca Wests Roman *The Return of the Soldier* steht zwar erzähltechnisch noch in der Tradition des englischen Romans des 19. Jahrhunderts, hinterfragt Krieg aber schon ganz anders als Kipling, der mit seinen Romanen *Jungle Book* (1894) und *Kim* (1901) noch voll dem Empire-Gedanken folgt wie Stevenson mit seinem Werk *Treasure Island* (1883).

Kurt Vonneguts Meisterwerk *Slaughterhouse 5* ist ein Produkt der 60er Jahre des letzten Jahrhunderts, der Friedensbewegung und des Kalten Krieges sowie der etablierten Bedeutung der Psychologie für die Literatur. Dies gilt auch für Werke wie Nina Bawdens *Carrie's War* (1971) und Linda Newberrys Werk *Blitz Boys* (2000). Pereras Roman *Guantanamo Boy* (2009) seinerseits versteht sich nicht nur als aktuelle Fortsetzung der Robinsonade, sondern kann als Produkt von Massenmigration, Globalisierung und einer Islamophobie gesehen werden.

---

[19] Der Simplicissimus „ist kein utopischer Roman, gehört aber zu jenen Werken, in denen episodenhaft Berichte von utopischen Gesellschaften oder utopischen Plänen erscheinen" (Meid, 1984: 110)

Auffallend ist der gegenwärtige Trend, Krieg und Jugendliche zu verbinden. Die Themenbereiche, die sich hieraus ergeben, sind zwar alt bekannte, doch werden sie durch die Betonung von Kindheit und Adoleszenz neu akzentuiert. Diese reichen von Versagen, Betrug oder Trennung, Okkupation, Massaker bis zum politischen Betrug. Die (literarische) Verlagerung auf diese Zielgruppe verweist auf eine lange Tradition dieser Thematik, die z.Zt. neu diskutiert zu werden scheint. Die Trennung von Kindern und Jugendlichen von ihrem gewohnten Umfeld durch Krieg und Terror findet sich schon bei Grimmelshausens *Simplicissimus* oder Nashes *Unfortunate Traveller* und verweist auf Kinder und Jugendliche als alte und neue Opfer von Krieg sowie deren psychologische Traumata und deren Tragweite. Kinder und Jugendliche sind die neuen und brutalsten Opfer von Krieg und es scheint, als ob Grimmelshausen bereits davon wusste. Die Literatur beschreibt zwar deren Traumata wie Trennung, Internierung und Hilflosigkeit in einer Welt, in der sie hilflos umherwandern und mit Massen von Toten konfrontiert werden. Ihr Versuch, als therapeutisches Kollektiv so aufzustehen wie die Frauen, kann als literarische Renaissance verstanden werden, da Krieg und Trauma zu lange auf die männliche Seite zugeschnitten war. Die neue Art der Kriegsführung, die durch den Ersten Weltkrieg eingeführt wurde und durch den Zweiten die Zivilisten erreichte, hat sich mittlerweile auf die zivile Seite verlagert und erklärt somit das zunehmende literarische (wie psychologische) Interesse an Frauen und Kindern als Opfer von Krieg und Terror.

Wie bereits erwähnt, scheint die Aktualität der Verbindung von Krieg und Trauma im englischsprachigen Roman zur Domäne von Autorinnen und Autoren mit islamischen Wurzeln geworden zu sein. Diese Tatsache ergibt sich nicht nur aus der postkolonialen Vergangenheit ihrer Heimatländer, sondern auch aus der Rückverlagerung des Handlungsortes von England in die Mutterländer. In dieser Rückverlagerung wird offensichtlich, dass die Thematik Krieg eine zunehmende Aktualität zu gewinnen scheint, auch weil moderne menschliche Existenz in vielen ehemaligen Kolonien an Krieg und Trauma gekoppelt sind. Khalid Hosseini ist einer dieser Schriftsteller und stellvertretend setzt er in seinem Roman *And The Mountains Echoed* (2013) Afghanistan als Handlungsort ein, jenes Land am Hindukusch, dessen Einwohner traditionell vom Krieg begleitet werden. Seine Hauptperson erzählt rückblickend seine Lebensgeschichte und der fiktive Counterpart Mr. Markos wird (so wie der Leser) an vielen Stellen des Romans mit Krieg und Trauma konfrontiert, die zeigen, dass der gegenwärtige englische Roman immer noch in der Tradition einer modernen Konstellation von Krieg und Trauma steht, die von West, Vonnegut und Perera so eindrucksvoll mitgeprägt wurden. Die nun folgende Textpassage steht nicht nur als aktuelles Beispiel dieser Entwicklung, sondern kann durchaus auch als Beispiel dafür genommen werden, dass Krieg und Trauma an vielen Orten der Welt zu finden sind und moderne menschliche Existenz entscheidend zu prägen scheinen – eine Idee, die sich schon bei Grimmelshausen findet:

"What shall I tell you, Mr. Markos, of the years that ensued? You know well the recent history of this beleaguered country. I need not rehash for you those dark days. I tire at the mere thought of writing it, and, besides, the suffering of this country has already been sufficiently chronicled, and by pens far more learned and eloquent than mine. I can sum it up in one word: *war*. Or, rather, wars. Not one, not two, but many "wars" both big and small, just and unjust, wars with shifting casts of supposed heroes and villains, each new hero making one increasingly nostalgic for the old villain. The names changed, as did the faces, and I spit on them equally for all the petty feuds, the snipers, the land mines, bombing raids, the rockets, the looting and raping and killing. Ah, enough! The task is both too great and too unpleasant. I lived those days already, and I intend to relive them on these pages as briefly as possible. The only good I took from that time was a measure of vindication about little Pari, who by now must have grown into a young woman. It eased my conscience that she was safe, far from all this killing".

Khaled Hosseini, *And the Mountains Echoed* (2013: 120 / 121)

IX. AUSBLICK

Beide hier untersuchten Werke verweisen direkt und indirekt auf historische Kriegsereignisse. Es sind dies der Dreißigjährige Krieg und der Amerikanische Bürgerkrieg, obwohl letzterer in einen futuristischen Rahmen gesetzt wird, der aber den historischen nicht zu verlassen scheint, da immer wieder Analogien wie Nord-Süd oder Rot-Blau benutzt werden. Verbindet man diese historischen Rahmenbedingungen mit der aktuellen Weltentwicklung, so findet sich diese Analogie im Verfall der Nationalstaaten Lybien, Syrien, Jemen oder Afghanistan, wo die Kämpfe immer auch vom Kampf um Staaten- und Gesellschaftsidentität geprägt sind, einer Grundfrage, die sich schon in Grimmelshausens Werk stellt. Hier findet sich auch schon der Radikalismus politischer und religiöser Art, der sich heute im aktuellen Bezug zur islamischen Welt widerspiegelt. Dort ist die Spirale voll im Gang und ein historischer Frieden wie im *Simplicissimus* in weiter Ferne. So verweisen beide Romane auf ein Eindringen von Kriegsbildern in die Gesellschaft, eine Entwicklung, die sich in der erneuten Verbindung von Politik und Religion findet, die Gewalt befördert, weil ein politischer Radikalismus und ein religiöser Fundamentalismus die treibenden Kräfte zu sein scheinen.

Münkler (2018) und andere sprechen von 'Strukturanalogien' und verweisen immer wieder auf diesen Zusammenhang zwischen konfessionellen Unterschieden und deren Politisierung zu Feindschaften.

Historisch und literarisch zeigen beide Werke auf die Tatsache, dass sowohl der Amerikanische als auch der Dreißigjährige Krieg keine zusammenhängenden Kriege darstellen, sondern es sich um ein Konglomerat von größeren und kleineren Kriegen handelt, die zwar voneinander geführt, aber als Gesamtkrieg betrachtet werden können. Auf dieses Phänomen nennt schon der attische Historiker Thukydides, der auch vom Peloponnesischen Krieg spricht, obwohl dieser auch aus mehreren Kleinkriegen bestand und fast dreißig Jahre andauerte.

Beide Romane stellen Krieg, seine allgegenwärtige Gewalt und seinen Einfluss auf den Menschen in den Mittelpunkt ihrer Handlung und ihrer verschiedenen Erzählformen. Die dystopische Grundstruktur beschreibt das, was Simmons (2008) als „sense of what *should be* rather than what *is*" (ibid.: 33) darlegt, auch wenn dies den utopischen Charakter des

Romans beinhaltet. In beiden Romantypen, dem Schelmenroman und der Dystopie, wird aber deutlich, dass es der Nationalstaat ist, der Stamm, die organisierten Gruppen und Banden, zwischen denen die Konflikte um Ressourcen, Territorien, Ideologien oder Religionen aufbrechen. Kurzum, in beiden Romanen ist es der Nationalstaat und seine politischen Strukturen im weitesten Sinne, auf denen sich Kriege gründen. „Stärker als andere Utopisten der frühen Neuzeit betont Grimmelshausen den mörderischen Weg zu einer neuen politischen Ordnung, die angeblich den Universalfrieden der ganzen Welt garantiert" (Breuer, 1999: 54). Krieg, das ist die Botschaft beider Werke, ist eine kalkulierte Angelegenheit, von Politikern im großem Stil organisiert. Sie ist eine Entscheidung des Staates, ausgeübt durch die Aggression des Individuums. Krieg ist für beide Autoren in die Gesellschaft eingebettet und Kinder sind die Rekruten zukünftiger Konflikte, erst als Opfer, dann als Täter. Er ist eine Grundvorstellung des Staates und somit Teil seiner Existenz, wirtschaftlich und ideologisch. Die Darstellung von Kriegen in Filmen, TV-Programmen, Lyrik, Theater oder - wie hier - im Roman wird oft in einem netten Rahmen präsentiert und romantisiert, ja man kann sogar von der Tendenz einer Romantisierung der Gefahr und des Horrors von Krieg sprechen. Grimmelshausen und El Akkad gelingt eine Entromantisierung in dem Sinne, dass sie eine Schocktherapie der Wahrheit mit ihrer Beschreibung von getöteten und geschändeten Körpern, Blutorgien und ängstlichen Menschen liefern. Die Zentrierung auf das Kind verschärft ihre Kritik und verweist darauf, dass die beiden einzigen moralischen Gründe für einen (gerechten) Krieg, Selbstverteidigung gegen Aggression und Verteidigung derer, die sich selbst nicht wehren können, aufgehört haben zu existieren.

Es gibt Parallelen zwischen der Zeit des Dreißigjährigen Krieges und der Gegenwart. Diese verbinden den Erzählhintergrund beider Romane. Keiner wollte damals diesen Krieg, weder die, die ihn erleiden mussten, noch die Handelnden wie der Kaiser, die Kurfürsten oder die Grafen des Hl. Römischen Reiches, die Könige Europas oder die Jesuiten, noch der Papst. Aber jeder tat das Seine, um ihn in einer aufgeheizten Atmosphäre von Wirtschaftskrise, Hungersnöte (Kleine Eiszeit), Hass, Misstrauen, Eigeninteressen oder neuen Medien zu starten. Grimmelshausens allegorisches Spiel mit den Göttern zeigt sich so ‚als Adels- und Hofkritik', die ‚mit der satirischen Überblendung von machthaberischer

Allmachtsphantasie und einer polytheistischen Weltauffassung' das ihm bekannte absolutistische Herrschaftsmodell zwar satirisch unterläuft, aber letzlich keine Veränderung wünscht. El Akkads Ansatz ist radikaler, zeigt sich aber oft als eindimensional, weil er genau diesen satirischen Unterbau Grimmelshausens vermissen lässt. Dies liegt aber im literarischen Ansatz - hier utopische, dort dystopische Elemente - begründet, die aber dennoch eine Kritik beider Gesellschaftsformen nicht beiseiteschieben will.

Diesen historischen Hintergrund können wir auf heute übertragen, auch weil unsere Zeit von einer Menge von Unheilserwartungen geprägt ist. Diese Popularisierung von Unheil spiegelt sich in El Akkads Roman wider. Die Wiederholung des Amerikanischen Bürgerkrieges als Ausgangspunkt aller weiteren Kriege des Romans ist bereits Basis für das, was Botho Strauß als 'Terror des Vorgefühls' bezeichnet, ein Phänomen, das beide Kriege zu prägen scheint. El Akkad radikalisiert und konkretisiert dieses Gefühl als Spiegel unserer Zeit. Klimatische Veränderungen, globale Ungleichheit, der politische Radikalismus zwischen Nord und Süd, die Macht der Digitalisierung, die Gemengelage aus *failed states*, regionalen Mächten, bröckelnden und wechselnden Machtverhältnissen, dies alles verdichtet sich zu Krieg, Leid und Terror und verweist von heute auf morgen.

Literarisch findet sich eine Verbindung beider Romane in Daniel Kehlmanns Schelmenroman *Tyll* (2017). Der Held des Romans kommt mit seiner Gauklertruppe in ein bisher vom Dreißigjährigen Krieg verschontes Dorf. Nach der Vorführung verleitet Tyll die Dorfbewohner, ihre Schuhe auszuziehen und auf einen Haufen zu werfen. Als er sie auffordert, ihr Eigentum zurückzuholen, beginnt ein Kampf Jeder gegen Jeden, nach dem Motto ‚Homo homini lupus' und die Wut greift um sich im Kampf
Jeder gegen Jeden. Kurz darauf, so die Erzählung lapidar, kommt der Krieg ins Dorf. Niemand überlebt, wie bei Grimmelshausen und El Akkad.

El Akkads Ansatz ist radikaler, erweist sich aber oft als eindimensional, da er genau diesen satirischen Unterbau Grimmelshausens vermissen lässt. Dies liegt aber im literarischen Ansatz - hier utopische dort dystopische Elemente - begründet, die aber dennoch eine Kritik beider Gesellschaftsformen nicht beiseiteschieben will.

Beide Romanfiguren schildern nicht nur den Krieg, sein Chaos und seine Wirren, sondern ihren Umgang und ihr Werden durch den Krieg. Simplicissimus und Sarat werden durch den Krieg brutal aus ihrer Kindheit gerissen, mitleidslos zum Spielball politischer Entwicklungen, und beide lernen sich so früh zu behaupten. Auch wenn ihre Entwicklung völlig verschieden verläuft, so vernehmen sie beide immer wieder die Stimme ihres Gewissens, das sich bei Sarat für den Krieg entscheidet, bei Grimmelshausen gegen ihn. Dadurch werden sie zum dramatischen Einzelgänger. Simplicissimus beschließt sich von der eigenen Sündhaftigkeit und der Gottlosigkeit der Welt zu trennen und wird zum Einsiedler. Sarat entscheidet sich ebenfalls für diesen einsamen Weg, benutzt ihn aber als finale Möglichkeit, d.h. sie wird zur Massenmörderin. Grimmelshausen verweist darauf, dass sich seine Hauptperson zwar selbst retten kann, sein Leben aber - so wie Sarat - letztlich auch als Scheitern versteht, in dem jedoch immer die Chance auf einen Neuanfang besteht. So steht Grimmelshausens Bilanz neben der El Akkads, wenn Simplicissimus sagt:

> O Welt, behüte dich Gott! Denn in deinem Haus führt man weder ein heilig Leben noch einen gleichmäßigen Tod. Der eine stirbt in der Wiege, der ander in der Jugend auf dem Bette, der dritte am Strick, der vierte am Schwert, der fünfte auf dem Rad, der sechste auf dem Scheiterhaufen, der siebente im Weinglas, der achte in einem Wasserfluß, der neunte erstickt im Freß-Haufen, der zehnte erworgt am Gift, der elfte stirbt gähling, der zwölfte in einer Schlacht, der dreizehnte durch Zauberei, und der vierzehnte ertränkt seine arme Seele im Tintenfaß. (S: 393)

X. EPILOG

„Bei dieser großen Furcht, welche die Menschen allgemein gegeneinander hegen, können sie sich nicht besser sichern als dadurch, daß einer dem anderen zuvorkommt oder solange fortfährt, durch List und Gewalt sich alle anderen zu unterwerfen, als noch andere da sind, vor denen er sich fürchten hat. (...) Hieraus ergibt sich, daß ohne eine einchränkende Macht der Zustand der Menschen ein solcher sei, wie er zuvor beschrieben wurde, nämlich ein Krieg aller gegen alle. (...) Die Leidenschaften die die Menschen zum Frieden unter sich geneigt machen können, sind die Furcht überhaupt und insbesondere die Furcht vor einem gewaltsamen Tod (...).

Die Absicht und Ursache, warum die Menschen bei all ihren natürlichen Hang zur Freiheit und Herrschaft sich dennoch entschließen konnten, sich gewissen. Anordnungen, welche die bürgerliche Gesellschaft trifft, zu unterwerfen, lag in dem Verlangen, sich selbst zu erhalten und ein bequemeres Leben zu führen; oder mit anderen Worten, aus dem elenden Zustande eines Krieges aller gegen alle gerettet zu werden. Dieser Zustand ist aber notwendig wegen der menschlichen Leidenschaften mit der natürlichen Freiheit so lange verbunden, als keine Gewalt da ist, welche die Leidenschaften durch Furcht vor Strafe gehörig einschränken kann und auf die Haltung der natürlichen Gesetze und Verträge dringt."

Thomas Hobbes, *Leviathan*, Erster Teil, 13. Kapitel und Zweiter Teil, 1. Kapitel

XI. Bibliografie

PRIMÄRLITERATUR

El Akkad, Omar. 2017. *American War. A Novel.* New York: Alfred A. Knopf.

Grimmelshausen von, Hans Jakob Christoffel. [1669] 1970. *Abenteuerlicher Simplicius Simplicissimus,* München: Goldmann.

SEKUNDÄRLITERATUR

Arnold, Heinz Ludwig (Hgg.). 2008. *Hans Jacob Christoffel von Grimmelshausen.* München: Richard Boorberg.
Aylett, R.P.T. 1982. *The nature of realism in Grimmelshausen's Simplicissimus cycle of novels.* Bern / Frankfurt: Lang.
Baron, Marie.2016. „Tod in Grimmelshausens Simplicissimus Teutsch". In: Heßelmann, Peter. Hgg. *Simpliciana. Schriften der Grimmelshausen Gesellschaft XXXVIII.* Frankfurt /Main: Peter Lang: 471-493.
Battafarano, Italo Michele. 2011. *Simpliciana Bellica: Grimmelshausens Kriegsdarstellung und ihre Rezeption 1667-2006.* Bern u.a.: Lang.
Bauvens, Monika. 1972. *Grimmelshausens Bild von der Gesellschaft, wie es sich im „Simplicissimus" darstellt.* Marburg an der Lahn (Magisterarbeit).
Bentley, Nick (ed.). 2005. *British Fiction of the 1990s.* London: Routledge.
Bickley, Pamela. 2008. *Contemporary fiction: the novel since 1990.* Cambridge: Cambridge University Press.
Bierbüsse, Gisbert. 2014. Untersuchung seiner Benutzung der Quellen und seiner Stellung zu den Sprachproblemen des 17. Jahrhunderts. In: Timothy Sodmann. *Grimmelshausens Teutscher Michel.* Wissenschaftliche Schriften der WWU Münster. Reihe XII 9. Münster: Monsenstein und Vannderdat.
Bloom, Harald. 2009. *Death and dying.* New York: Bloom.
Bobbit, Philipp. 2008. *Terror and Consent: The Wars for the Twenty-First Century.* New York: Random.
Bode, Sabine. 2010. *Die vergessene Generation. Die Kriegskinder brechen ihr Schweigen.* München: Piper.
Boehncke, Reiner / Hans Sarkowicz. (2011). *Grimmelshausen: Leben und Schreiben. Vom Musketier zum Weltautor.* Frankfurt/M.: Eichhorn.
Bond, Margaret S. 2007. *Hybrid war: A New Paradigm for Stability Operations in Failing States.* United States Anny War College (USA WC). Strategy Research Projects.
Bradford, Richard. 2007. *The Novel Now. Contemporary British Fiction.* Oxford: Blackwell.
Breuer, Dieter. 1999. *Grimmelshausen Handbuch.* München: Fink.
Caruth, Cathy (Hg.). 1995. *Trauma: Explorations in Memory.* Baltimore, MD: The Johns Hopkins University:
Caruth, Cathy. 1995. Introduction. *Trauma: Explorations in Memory.* Ed. Cathy Caruth. Baltimore: Johns Hopkins University Press: 3-12.

Caruth, Cathy (Hg.) 1996. *Unclaimed Experience: Trauma, Narrative and History.* Baltimore, MD: The Johns Hopkins University Press.
Caruth, Cathy. 2007. "Arrested Histories: A Response to Françoise Davoine." *Psychoanalytic Dialogues* 17.5 (Sept.-Oct. 2007): 639-46.
Childs, Peter. 2006. *Contemporary Novelists. British Fiction since 1970.* London: Palgrave: Macmillan.
Connor, Steven. 1996. *The English Novel in History 1950-1995* London/New York: Routledge.
Dawes, James. 2002. *The Language of War: Literature and Culture in the United States from the Civil War Through World War II.* Cambridge, MA: Harvard University Press: 75.
Dickmann, Fritz. 1959. *Der Westfälische Friede.* Münster: Aschendorff.
Eakin, Paul. 1999. *How Our Lives Become Stories: Making Selves.* Ithaca /London: Cornwell University Press.
Farrel, Kirby. 1998. *Post-Traumatic Culture: Injury and Interpretation in the Nineties.* Baltimore,MD: John Hopkins University Press.
Findeisen, Jörg-Peter. 1996. *Gustav Adolf von Schweden. Der Eroberer aus dem Norden.* Köln: Casimir Kratz
Finney, Brian. 2006. *English Fiction Since 1984: Narrating a Nation.* Basingstoke: Palgrave Macmillan.
Foucauld, Michel. 1991. *Die Ordnung des Diskurses.* Frankfurt/M.: Fischer.
Fuchs, Käte. 1935. *Die Religiosität des Johann Jakob Christoffel von Grimmelshausen.* Leipzig: Mayer & Müller.
Gaede, Friedrich. 1989. *Substanzverlust: Grimmelshausens Kritik der Moderne.* Tübingen: Francke.
Gaycken, Sandro. 2010. *Cyberwar - Das Internet als Kriegsschauplatz.* München: Open Source Press.
Gil, Isabel Capeloa (ed.). 2013. *Plots of war in modern narrations of conflict.* Berlin: de Gruyter.
Harbaum, Waltraut. 1959. „Unser Leitspruch Colere Divina Humana Diligere". In: *Grimmelshausen Schule Gelnhausen 1909-1959.* Geku(Gelnhausen): 75-76.
Haslam, Sara. 2013. *"The 'Moaning of the World' and the 'Words that bring me Peace': Modernism and the First World War".* In: Piette / Rawlinson. a.a.O.: 47-58.
Head, Dominic. 2002. *The Cambridge Introduction to Modern British Fiction, 1950 - 2000.* Cambridge. CUP.
Heßelmann, Peter. 1988. Gaukelpredigt. Simplicianische Poetologie und Didaxe. Zu allegorischen und emblematischen Strukturen in Grimmelshausens Zehn-Bücher-Zyklus. Frankfurt/M. Peter Lang
Heßelmann, Peter. 1992. *Simplicissimus Redivivus. Eine kommentierte Dokumentation der Rezeptionsgeschichte Grimmelshausens im 17. und 18. Jahrhundert (1667-1800).* Frankfurt/Main: Klostermann.
Heßelmann, Peter (Hg.) 2014. Simpliciana. Schriften der Grimmelshausen Gesellschaft - XXXVI. / 2014.

Heßelmanm, Peter 2017. Simplicianische Reminiszensen in Günter Grass' „Vonne Endlichkeit". In: Ingo Schulzes „Peter Holtz", in Daniel Kehlmanns „Kommt Geister" und „Tyll". In: *Simpliciana. Schriften der Grimmelshausen -Gesellschaft XXXIX:* 388-394. Hillenbrand, Rainer. 2016. *Fiktionale Leserlenkung in Grimmelshausens Ewigwährendem Calender.* Hamburg: Dr Kovacš.
Höglund, Johan A. 1997. *Mobilising the Novel. The Literature of Imperialism and the*

First World War. Acta Universitatis Upsaliensis Studia Anglistica Upsaliensia 99. Uppsala University Library: Uppsala.
Horwich, Cara M. 1997. *Survival in Simplicissimus and Mutter Courage*. New York: Lang
Houen, Alex. 2002. *Terrorism and Modern Literature: from Joseph Conrad to Ciaran Carnon*. Oxford: Oxford University Press.
Houen, Alex. 2004. "Novel Spaces and Taking Places in the Wake of September 11". In: *Studies in the Novel, 36:* 419-437.
Hynes, Samuel. 2005. The *Cambridge Companion to the Literature of the First World War*. Cambridge: Cambridge University Press:15ff..
Kehlmann, Daniel. 2017. *Tyll*. Berlin: Rowohlt.
Kimball, Melanie. 1999. „From Folktales to Fiction: Orphan Characters in Children's Literature". In: *Library Trends* 47(3): 558-578.
Löschnigg, Maria / Martin Löschnigg (Hgg.). 2009. *Migration and fiction: Narratives of Migration in Contemporary Canadian Literature*. Heidelberg: Winter.
Löschnigg, Martin. 2006. *Die englische fiktionale Autobiographie: Erzähltheoretische Grundlagen und historische Prägnanzformen von den Anfängen bis zur Mitte des neunzehnten Jahrhunderts*. Trier: Wissenschaftlicher Verlag Trier.
Mann, Golo 1971. *Wallenstein: Sein Leben erzählt von Golo Mann*. Berlin: Fischer.
Medick, Hans. 2018. *Der Dreißigjährige Krieg - Zeugnisse vom Leben mit Gewalt*. Göttingen: Wallstein.
Meid, Volker. 2011. *Grimmelshausen. Epoche – Werk - Wirkung*. München: Beck
Meid, Volker. 2011. *Grimmelshausen. Werk, Leben, Wirkung* . Stuttgart: Reclam
Menke, Christoph (Hgg.) 2005. Dimensionen ästhetischer Erfahrung. Frankfurt/M.: Suhrkamp: 49-66.
Menhennet, Alan. 2013. "The Search for Freedom: Grimmelshausen 's Simplician Weltanschauung." In: Otto, Karl F. ed. *A Companion to the works of Grimmelshausen*. New York Camden House Rochester.
Morag, Raya. 2009. *Defeated Masculinity. Post-Traumatic Cinema in the Aftermath of War*. Bern/Berlin/New York P.l.E: Peter Lang.
Münkler, Herfried. 2018. *Der Dreißigjährige Krieg. Europäische Katastrophe, Deutsches Trauma 1618-1648*. Berlin: Rowohlt.
Myers, Charles S. 1915. "A Contribution to the Study of Shell Shock." Lancet 185: 316-20.
Nadj, Julijana 2006. *Die fiktionale Metabiographie: Gattungsgedächtnis und Gattungskritik in einem neuen Genre der englischsprachigen Erzählliteratur*. Trier: Wissenschaftlicherverlag Trier.
Nalhantian, Suzanne. 2003. *Memory in Literature: From Rousseau to Neuroscience*. Basingstoke: Palgrave Macmillan.
Neumann, Birgit. 2005. *Erinnerung - Identität - Narration: Gattungstypologie und Funktionen kanadischer Fictions of Memory*. Berlin/ New York: de Gruyter.
Nora Pierre. 1989. "Between Memory and History: Les Lieux de Memoire". In: *Representations* 26. Spring: 7-24.
Nora, Pierre. 1984-92. *Les Lieux de Memoir 3* vols. Paris: Gallimard.
Nünning, Ansgar. 1995. *Von historischer Fiktion zu Historiographischer Metafiktion. Theorie, Typologie und Poetik des historischen Romans/ Erscheinungsformen und Entwicklungstendenzen des historischen Romans in England seit 1950*. 2 vols. Trier: WVT.
Nünning, Ansgar. 1998a. *Metzler Lexikon Literatur - die Kulturtheorie: Ansätze - Personen - Grundbegriffe*. Stuttgart: Metzler
Nünning, Ansgar (Hg.). 1998b. *Unreliable Narration: Studien zur Theorie und Praxis unglaubwürdigen Erzählens in der englischsprachigen Ltieratur*. Trier:

Wissenschaftlicher Verlag Trier.
Nünning, Ansgar. 2001. *Der englische Roman des 20. Jahrhunderts*. Stuttgart: Klett.
Nünning, Ansgar. 2007. "Fiktionale Biographien und Metabiographien: Peter Ackroyd". In: Nünning, Vera (Hg.), *Der zeitgenössische englische Roman*. Trier: Wissenschaftlicher Verlag: 83-101.
Nünning, Vera / Ansgar Nünning (Hgg.). 2004. *Erzählstrategien und Gender Studies*.Stuttgart: Metzler .
Nünning, Vera (ed.). 2007. *Der zeitgenössische englische Roman. Genres - Entwicklungen - Modellinterpretationen*. Trier. WVT.
Osborne, John. 2008. *Simplicissimus, The German Adventurer*. Knoxville: Newfound Press.
Otto, Karl. Hg. [2003] 2010. *A companion to the works of Grimmelshausen*. Rochester, NY: Camden House.
Pantle , Christian. 2017. *Der Dreißigjährige Krieg. Als Deutschland in Flammen stand. Vom Rauben, Morden und Plündern und der Menschlichkeit im Krieg*. Berlin: Ullstein.
Peters, Jan. 1992. *„Ein Söldnerleben im Dreißigjährigen Krieg. Eine Quelle zur Sozialgeschichte"*. In: Bursch, Peter (Hg.). Söldner im Nordwestdeutschland des 16. und 17. Jahrhunderts. Göttingen: Vandhoeck & Rupprecht.
Piette, Adam. 1995. *Inaugination at War. British Fiction and Poetry, 1939-1945*. London: Macmillan.
Piette, Adam/ Mark Rawlinson. 2013. *The Edinburgh Companion to Twentieth-Century British and American War Literature*. Edinburgh University Press.
Ratz, Werner. 1959. „5o Jahre Grimmelshausenschule". In: *Grimmelshausen Schule Gelnhausen 1909-1959*. Geku (Gelnhausen): 8-16.
Reynold's Kimberley. 2005. *Modern children 's literature: an introduction*. Basingstoke: Palgrave
Rinere, Monique. 2009. *Transformations of the German Novel: Simplicissimus in Eighteenth-Century Adaptations*. New York: Peter Lang.
Rohr, Richard. 2005. *Endlich Mann werden*. München: Claudius.
Rosenberger, Sebastian. 2015. *Satirische Sprache und Sprachreflexion. Grimmelshausen im diskursiven Kontext seiner Zeit*. Berlin: de Mouton Gruyter.
Rupp, Jan. 2010. *Genre and Cultural Memory in Black British Literature*.Trier: Wissenschaftlicher Verlag.
Schabert, Ina, 1990. *In Quest of the Other Person: Fiction as Biography*. Tübingen: Francke.
Schabert, Ina. 2006. *Englische Literaturgeschichte des 20. Jahrhunderts. Eine neue Darstellung aus der Sicht der Geschlechterforschung*. Stuttgart: Kröner.
Schachter, Daniel. 1996. *Searching for Memory. The Brain; the Mind; and the Past*. New York: Basic.
Scheuring, Herbert. 1991. *„Der alten Poeten schrecklich Einfäll und Wundergeschichte". Grimmelshausen und die Antike*. Frankfurt/Main: Peter Lang.
Schubertz, Eduard. 1959. „Die christliche Situation in Grimmelshausens Simplicissimus". In: *Grimmelshausen Schule Gelnhausen 1909-1959*. Geku (Gelnhausen): 71-74.
Seeber, Hans Ulrich (Hg.). 1999 [1993]. *Englische Literaturgeschichte*. Stuttgart/ Weimar: Metzler.
Shemella, Paul (ed.). 2011. *Fighting back is what governments can do about terrorism*. Standford: Standford University Press.
Simmons, David. 2008. *The Anti-Hero in the American Novel. From Joseph Heller to Kurt*

Vonnegut. New York: Palgrave Macmillan.

Sieveke, Franz G. 1969. *Der seltzame Springinsfeld*. Tübingen: Niemeyer

Sieveke, Franz G. (Hg.) 1973. *Grimmelshausen. Die verkehrte Welt*. Tübingen: Karl Niemeyer.Speier, Hans. 1964. *Courage, The Adventures and the the False Messiah*. Princeton / New York: Princeton University Press.

Sturmberger, Hans. 1962. *Aufstand in Böhmen: Der Beginn des Dreißigjährigen Krieges*. Oldenbourg Verlag (antiquarisch).

Su, John. 2011. *Imagination and the Contemporary Novel*. Cambridge: Cambridge University Press.

Thomas, Paul. 2007. *Reading, learning, teaching Margaret Atwood*. New York: Lang.

Voigts -Virchow, Eckart. (ed.). 2015. *Dystopia; science fiction, post-apocalypse: classics - new tendencies - model interpretations*. Trier: WVT.

West, Rebecca. 1998. *The Return of the Sodier*. New York. Penguin.

Weydt, Günther. *Hans Jacob Christoffel von Grimmelshausen*. Stuttgart: J.B.Metzler.

Williams, David. 2009. *Media, Memory, and the First World War*. Montreal / Kingston / London / Ithaca: McGill / Queen's University Press.

Wilson, Peter H. 2009. *Europe 's Tragedy. A New History of the Thirty Years War*. Randome House: Penguin.

Wilson, Peter.2017. *Der Drei?igjährige Krieg. Eine europäische Tragödie*. Darmstadt: Theiss.

ZEITUNGSARTIKEL

Joffe, Josef. 12/9/2013. Auch der Menschenrechtskrieg ist ein Krieg. *Die Zeit (38)*.

Kilb,Andreas. 4/5/2014. Angriff des Konjunktivs. *Frankfurter Allgemeine Sonntagszeitung*

Helbig, Robert. 7/8/2014. Wie wir in Zukunft Krieg führen. In: Handelsblatt. Zugriff 26/10/2018.

Thomann, Jörg. 3/5/2015. Die Kinder des 8. Mai. *Frankfurter Allgemeine Sonntagszeitung*.

Siemons, Mark. 25/6/2017. Die Wut auf die Moderne. *Frankfurter Allgemeine Sonntagszeitung*.

N.N. 11-12/11/2017. Wer macht den Krieg? *Gelnhäuser Neue Zeitung*.

Hein, Christoph. 18/11/2017. Die hässlichen Gesichter des Krieges. *Gelnhäuser Neue Zeitung*.

BEI GRIN MACHT SICH IHR WISSEN BEZAHLT

- Wir veröffentlichen Ihre Hausarbeit, Bachelor- und Masterarbeit
- Ihr eigenes eBook und Buch - weltweit in allen wichtigen Shops
- Verdienen Sie an jedem Verkauf

Jetzt bei www.GRIN.com hochladen und kostenlos publizieren